Lições de vida na oração de SALOMÃO

GRATIDÃO E DEVOÇÃO A DEUS

Lições de vida na oração de SALOMÃO

GRATIDÃO E DEVOÇÃO A DEUS

Luziléia M. Paganini

3ª Impressão

CPAD

Rio de Janeiro
2016

Preparação dos originais: Gleyce Duque
Revisão: Verônica Araujo
Capa: Fagner Machado
Projeto gráfico: Fagner Machado

CDD: 248 – Vida Cristã
ISBN: 978-85-263-1115-2

As citações bíblicas foram extraídas da versão Almeida Revista e Corrigida, edição de 1995, da Sociedade Bíblica do Brasil, salvo indicação em contrário.

Para maiores informações sobre livros, revistas, periódicos e os últimos lançamentos da CPAD, visite nosso site: http://www.cpad.com.br

SAC — Serviço de Atendimento ao Cliente: 0800-021-7373

Casa Publicadora das Assembleias de Deus
Av. Brasil, 34.401, Bangu, Rio de Janeiro – RJ
CEP 21.852-002

3ª impressão: 2016 / Tiragem: 500

Prefácio

Em Mateus, capítulo 6, Jesus nos ensina a orar. Em seu exemplo, Ele começa adorando ao Pai. Adorar ao Pai deve ser algo prazeroso, sublime, sem pressa, mas muitas vezes não nos atemos a isso e passamos logo para os pedidos que quase sempre são muito individuais. Quando percebi essa prática, pedi ao Senhor: *Pai, ensina-me a agradar-te! Na minha comunhão contigo e no meu cotidiano. Ajudando-me a chegar diante de ti e a alegrar o teu coração!*

Então fui levada a pensar naquilo que minhas filhas faziam e que me alegravam: um abraço, um sorriso, obediência, postura, caráter...

Os pais sonham com as melhores coisas para os filhos e então investem neles. O remédio, o estudo, boa comida, orientação para a vida. Não esperamos que nos reembolsem, mas que valorizem tudo quanto temos empenhado para vê-los bem: sua própria alegria, sua felicidade.

> Se vós, sendo maus, sabeis dar boas dádivas aos vossos filhos, quanto mais dará o Pai celestial o Espírito Santo àqueles que lho pedirem? (Lc 11.13).

E assim, pude compreender que a alegria de Deus, como Pai, é ver seus filhos felizes. Querendo dar ao Senhor, somos nós que recebemos.

Nessa busca em aprender mais de Deus para estar mais e mais perto dEle, encontramos a oração de Salomão ao entregar o Templo pronto ao Senhor, e podemos fazer algumas reflexões.

À luz do Espírito Santo, nos são reveladas as lições que poderemos aplicar à nossa vida, trazendo-nos paz.

Tenho um carinho especial pelo livro de 1 Reis. Quando buscava o batismo no Espírito Santo, comecei a lê-lo. Depois de conhecer a petição de Salomão ao Senhor, pude deleitar-me com a resposta divina no versículo 3 do capítulo 9: "Ouvi a tua oração..."

Comecei então a repetir essa frase do Senhor em lágrimas correntes, porque o próprio Deus falava dando uma resposta positiva: "Ouvi a tua oração..."

Glorifiquei!

E as primeiras palavras em línguas estranhas saíam da minha boca.

O meu Deus, por intermédio de seu Espírito, vinha morar dentro de mim. Que sensação maravilhosa voar nas asas do Espírito!

Como me deleitei na presença do Senhor!

Uma água poderosa que veio molhar meu deserto trazendo de novo a vida. Água essa que é sempre renovada através da comunhão com o Pai.

Jesus disse aos seus discípulos que não os deixaria sozinhos; mas que o Espírito Santo, o Consolador, estaria com eles. Glória a Deus!

Como eu precisava do Consolador! Como ainda preciso!

Espero que no decorrer desta leitura, você também receba mais de Deus.

Ore assim:

Senhor Deus, eu sei que tu és infinitamente mais do que tudo quanto pedimos ou pensamos. Eu preciso de mais! Abra os meus olhos para contemplar a sua grandeza e o meu coração para recebê-lo. Amém!

SUMÁRIO

1
Capítulo

Clamou pela Presença do Senhor

Assim se acabou toda a obra que fez o rei Salomão para a Casa do Senhor. Então, trouxe Salomão as coisas santas de seu pai Davi; a prata, e o ouro, e os utensílios pôs entre os tesouros da Casa do Senhor.

— 1 Reis 7.51

E pôs-se Salomão diante do altar do Senhor, em frente de toda a congregação de Israel: e estendeu as suas mãos para os céus...

— 1 Reis 8.22

Salomão ora a Deus clamando por sua presença naquele Templo. Apesar de toda a riqueza, ele entendia que não era o bastante. Mesmo diante das coisas materiais mais valiosas, sabia que era preciso uma posição de humildade; de servo invocando a presença do Senhor.

Ele diz: "Mas, na verdade, habitaria Deus na terra? Eis que os céus e até o céu dos céus te não poderiam conter, quanto menos esta casa que eu tenho edificado" (1 Rs 8.27).

A verdade é que Salomão não confiou na riqueza como fonte de paz, porque aquele santuário seria vazio se não fosse santificado.

Nos últimos tempos, há uma busca desenfreada pela aquisição de bens como fonte de segurança e confiança de um futuro certo.

> Não estejais apreensivos pela vossa vida, sobre o que comereis, nem pelo corpo, sobre o que vestireis. Mais é a vida do que o sustento, e o corpo, mais do que as vestes. (Lc 12.22,23)

Os bens existem para servir ao corpo, e este, temporariamente, existe para expressar o Espírito. O corpo deve ser cuidado como o templo do Espírito Santo e não como uma preocupação constante em dar-lhe conforto que muitas vezes exige esforço sobre-humano.

Precisamos entender, assim como Salomão entendeu que a presença do Senhor é suficiente.

A nossa casa precisa ser cheia da presença de Deus, nosso trabalho, nossa escola e nossa igreja precisam ser cheios da presença do Senhor. Não importa quão ricos ou quão simples sejamos; o que importa é que onde estivermos, esteja Deus.

Quando Salomão estende as mãos para o céu, ele demonstra uma atitude de rendição. Por mais que trabalhemos, estudemos e construamos templos, não há o que se fazer sem a presença do Senhor. Salmos 127.1 diz: "Se o Senhor não edificar a casa, em vão trabalham os que edificam". Salomão rendeu-se ao Senhor e reconheceu que precisava da sua presença para que efetivamente o Templo tivesse sua finalidade primordial: Glorificar a Deus!

> Deus é Espírito, e importa que os que o adoram, o adorem em espírito e em verdade. (Jo 4.24)

Atentemos para primeira parte desse versículo: Deus é Espírito. Pergunte a si mesmo e responda quem é Deus. Sim, Deus é Espírito e precisamos ter consciência desse fato. Por mais óbvio que possa parecer, atravessamos décadas para realmente entender seu verdadeiro sentido.

Algumas vezes, ocorre de o homem portar-se como Tomé, um dos doze discípulos de Jesus. Na ocasião da ressurreição de Jesus, vieram contar-lhe que viram o Senhor e Tomé disse: "Se eu não vir o sinal dos cravos em suas mãos... de maneira nenhuma o crerei" (Jo 20.25)

Da mesma forma, o homem busca sinais de materialidade para comprovar a presença do Senhor. Faz imagem para fundamentar a sua fé e prostra-se diante daquilo que o Salmo 115 classifica como ídolo. "Têm boca, mas não falam; têm olhos, mas não veem; têm ouvidos, mas não ouvem; nariz têm, mas não cheiram. Têm mãos, mas não apalpam; têm pés, mas não andam, nem som algum sai da sua garganta" (vv. 5-7).

Alguns povos adoram animais, objetos; pessoas adoram pessoas. Consideram alguns de seus semelhantes capazes de realizar milagres. Por mais que algumas criaturas se destaquem por seus feitos ou reflexões, atitudes consideradas sábias, ou até mesmo pela busca de sua própria santificação, nunca poderão preencher o vazio no coração do homem que só Deus preenche.

Procuremos um deus como nosso Deus que deixou um conjunto de livros perfeitos e coerentes entre si, e não poderemos achar. A Bíblia traz a infinita sabedoria do Criador e quem poderá questionar? Tantos já procuraram abafar a Palavra do Senhor com teorias. Tentaram também substituí-la com filosofias vãs, mas o Senhor é inabalável. Ele é para todo o sempre, e ninguém poderá desmerecer o sacrifício do nosso Senhor Jesus na cruz do Calvário para salvar as nossas vidas.

Outras vezes, o homem determina que para crer que Deus existe é preciso que haja benefício em favor de si. E Deus amorosamente se mostra, mas precisamos crer no Senhor por aquilo que Ele é, e não por aquilo que queremos que faça.

Deus é Espírito!

Nós somos espírito, alma e corpo. Quando colocamos o corpo ou a alma em evidência, e geralmente o fazemos, estamos sendo como Tomé. Importamo-nos com aquilo que é visível aos olhos. Se colocarmos nossas mãos no peito apontando a palma para o nosso eu, e se fecharmos os nossos olhos, teremos consciência de quem realmente somos.

O que vai dentro de nós? Você sente o coração pesado ou pode sentir-se leve? Toca-se com amor, pois sabe que dentro de você há um tesouro inestimável? Sim, o Espírito Santo de Deus pode habitar em nós. Somos o seu templo.

Quando Jesus dava as últimas instruções aos seus discípulos, Ele dizia que rogaria ao Pai para dar outro Consolador, para ficar para sempre: "O Espírito da verdade, que o mundo não pode receber, porque não o vê, nem o conhece; mas vós o conheceis, porque habita convosco e estará em vós" (Jo 14.17). Note que Jesus fala que o mundo, ou seja, aqueles que estão contemplando e desejando somente o que é visível, não pode tê-lo; mas aquele que busca as coisas do alto, o Espírito da verdade habita nele. Ele passa a ter uma visão como da águia, pássaro que consegue voar mais alto e vê mais longe. Assim, nosso espírito torna-se um com Deus que é Espírito. E nós o adoramos em espírito e em verdade.

E então quando clamamos pela presença do Senhor, assim como Salomão, nós o recebemos.

Receber o Espírito Santo de Deus é viver em novidade de vida. Os dias não são iguais porque no devocional a presença do Senhor é notória. A Palavra é revelada com os textos bíblicos saltando aos olhos produzindo vida, gerando interpretação e aplicação para o dia a dia. O coração se enche de alegria, saltamos de felicidade. Tudo é cheio e completo. Sobre nós vem a unção, e se saímos do nosso quarto, o mundo se mostra como realmente é, e então podemos deixar o cálice transbordar revelando o valor de Jesus Cristo a toda criatura.

Em Isaías 43.19 o Senhor diz: "Eis que farei uma coisa nova, e, agora, sairá à luz; porventura, não a sabereis? Eis que porei um caminho no deserto e rios, no ermo". Novidade de vida, amado! Deus nos criou com expectativas, e se o homem não se une a Deus em um só espírito, é tragado pela rotina entediante.

O Senhor faz vir sobre nós prosperidade para uma vida suprida em todas as nossas necessidades e pensar só nisso é muito pouco. O nosso coração, alma e espírito ficam plenos com a abundante presença do Senhor. O profeta Joel predisse: "E nos últimos dias acontecerá, diz Deus, que do meu Espírito derramarei sobre toda a carne; e os vossos filhos e as vossas filhas profetizarão, os vossos jovens terão visões, e os vossos velhos sonharão sonhos" (At 2.17).

E no dia de Pentecostes, essa profecia se cumpriu, vindo do céu um som como de um vento impetuoso e encheu toda a casa em que os santos estavam assentados cultuando ao Senhor. Desde esse dia, pessoas que buscam mais de Deus têm recebido o batismo com o Espírito Santo e, como a Palavra diz, ficando cheios, plenos, completos e capacitados para o serviço do Senhor.

Viva este tempo de derramamento do Espírito! Saia debaixo da capa de proteção que a religiosidade prega e entregue-se, deixando-se molhar por essa chuva que trará unidade do seu espírito com o Espírito de Deus. Clame e chame pela presença viva e santa do Senhor.

Hoje, esse privilégio é para todos que anseiam viver a vida para Cristo. Para jovens, velhos e servos. Não está restrito a pastores, ministros e seminaristas, está ao alcance de todos que querem fazer a diferença não só no mundo, mas até dentro da Igreja que abriga comodismo. O Espírito Santo de Deus é alegria. Novo modo de adorar ao Senhor em que o homem tem em Jesus ligação direta com o Pai. Oh, aleluia!

Deus vivo em que temos esperado! Porção dos altos céus é sua presença que cura, liberta, restaura e convence o homem do pecado.

Algumas pessoas preferem não falar no Espírito Santo. Explicam que só aconteceu no dia em que se festejava a saída do povo de Israel como escravo do Egito, mas pensar assim é não crer na Bíblia por inteiro.

> Mas o Altíssimo não habita em templos feitos por mãos de homens... ou qual é o lugar do meu repouso?... Homens de dura cerviz e incircuncisos de coração e ouvido, vós sempre resistis ao Espírito Santo; assim, vós sois como vossos pais.
> (At 7.48,49b,51)

Crer em Deus é crer na sua trindade: Pai, Filho e Espírito Santo. Jesus fala, no livro de João, que o "Espírito da verdade, que procede do Pai, testificará de mim" (Jo 15.26). O Espírito Santo tem personalidade. Logo, para referir-se ao Espírito Santo, foi usado o pronome pessoal, Ele!

Chamar o Espírito Santo equivale a ouvir o Senhor falar diretamente conosco, é deixá-lo interceder por nós, é sermos ajudados nas nossas fraquezas, é sermos guiados, fortalecidos enquanto Igreja e instruídos para o verdadeiro lugar no serviço do Senhor.

O Espírito Santo é uma pessoa sobrenatural que subsistirá para sempre como o nosso Deus trino. Para que Ele habite em nossas vidas, é necessário santificação. Não é preciso fazer força, nem mentalizar, é só santificar-se, e quando abrir a boca para orar não há necessidade de repetir várias vezes o mesmo pedido ou franzir o cenho para se concentrar, basta declarar, porque o Espírito Santo intercede por nós. Glória a Deus!

> Onde está o Espírito do Senhor aí há liberdade. (2 Co 3.17)

Um dia, Deus, em Espírito, revelou-se na abertura do culto. A sua manifestação, que quase sempre era igual, foi diferente naquele dia, simplesmente porque havia disponibilidade do servo em ser usado. Houve uma expressão forte e firme por parte do Senhor através da Palavra. Pessoas foram tocadas, algumas sorriam, liberaram seus corações de suas armaduras, sendo preparadas para o culto em seu todo. Houve mais conversão do que o costume. Foi como um vento impetuoso.

Um irmão não compreendeu tal ação divina e classificou a visitação do Espírito Santo como "um gás", que secularmente significa uma energia a mais para agitar. Esse entendimento é errôneo, é uma forma de não acreditar no sobrenatural, de não crer no Senhor como um manancial de águas vivas que correm levando a vida por onde quer que passa.

A água parada e acomodada vai acumulando substâncias que a torna inviável ao consumo.

Em Jeremias 2.13, o Senhor diz: "Porque o meu povo fez duas maldades: a mim me deixaram, o manancial de águas vivas, e cavaram cisternas, cisternas rotas, que não retém as águas".

Deus trata aqui do homem que não clama pela sua presença, mas busca outros meios de refúgio. O Senhor tem prazer em estar entre os filhos, mas espera ser convidado. Algumas pessoas embrenham-se em lugares ocultos, às vezes, aparentemente bons, e investem tempo e sua dedicação cavando cisternas que não retém águas. Reconheçamos a Deus provedor de todas as coisas e, como Salomão, clamemos por sua presença na nossa vida.

Às vezes, eu subo o monte do Calvário, levando uma toalha e uma cesta. Pretendo ficar aos pés da cruz algum tempo. Ali, clamo ao Senhor Jesus e peço que me revele toda a essência de sua crucificação. Quanto mais clamo e choro, mais coisas me são interiorizadas, acrescentando a minha fé.

Fico mais sadia em todos os aspectos, pois "verdadeiramente, ele tomou sobre si as nossas enfermidades e as nossas dores levou sobre si; e nós o reputamos por aflito, ferido de Deus e oprimido. Mas ele foi ferido pelas nossas transgressões e moído pelas nossas iniquidades; o castigo que nos traz a paz estava sobre ele, e, pelas suas pisaduras, fomos sarados" (Is 53. 4,5).

Como não amar a Jesus? Por todas as suas dores nós fomos justificados. Já não era um cordeiro a ser sacrificado pelos nossos pecados, mas o próprio Deus. Quanto o amamos, Jesus!

"Eu sei que o meu redentor vive, e que por fim se levantará sobre a terra" (Jó 19.25). É por Ele que chamo! O Deus vivo que nos ama e nos envolve com seus braços.

Muitos têm sido atraídos por templos suntuosos. Em uma cultura consumista, o valor das pessoas está na sua aparência ou no que se possui. Isso vale para que alguns líderes religiosos sejam considerados modelo a seguir. A tal prosperidade, em si, não tem nada de errado, mas busca-se o espiritual movido por ela. Lembremos da simplicidade de Jesus, que não tinha onde reclinar a cabeça.

> Mas cada um é tentado, quando atraído e engodado pela sua própria concupiscência. (Tg 1.14)

E templos são erguidos assim como os novos mega supermercados e shopping centers. Atrai-se e são atraídos pela ilusão do que é efêmero. A Igreja comprometida com a verdade é aquela que clama ao Deus vivo. A Igreja, tendo a visão de um templo, prostra-se aos pés do Pai para primeiro fundamentar as bases com orações e lágrimas sobre o chão que há de sustentar seus pilares. Nessa atitude, há o mover do Espírito na providência do material para construção e na santificação daqueles que estão empenhados na obra.

Os dois ficam prontos juntos: o templo e o Corpo de Cristo. Assim, os homens são atraídos pela formosura do Senhor espalhada no meio da congregação, sendo possível sentir o perdão, e, no abraço entre os irmãos, o cheiro de santidade. Ao entrar pelas portas, todos sentem que algo vai acontecer e mudar seu estado, e muitos são fortalecidos na alegria. A música é pura e a pregação não é feita de palavras persuasivas.

Isso não é um sonho, as igrejas que vão subir estão se tornando raras, mas o Senhor não deixou de nos chamar. Se deixarmos o Espírito Santo entrar, Ele nos fala, e quem tem ouvidos ouça o que Espírito diz à Igreja. Clamemos ao Senhor e busquemos o crescimento espiritual.

Na Carta de Paulo aos Hebreus, ele chama atenção para esse amadurecimento. Diz que dos salvos espera coisas melhores, e coisas que acompanham a salvação. Se chegarmos ao Pai somente para pedir, não estamos estabelecendo com Ele um diálogo. Agimos como criança que geralmente aprende a falar as primeiras palavras para satisfazer somente as suas necessidades fisiológicas e afetivas.

Deus espera atitudes melhores de nós, os seus servos. Atitudes que surgirão se estabelecermos com Ele um vínculo mais forte. O momento de oração é uma chance de intimidade com o Pai. Imagine uma pessoa que chega até você, pede alguns de seus favores e sai como se fosse um balcão de atendimento. Que laço foi criado? Por isso a incerteza quanto à resposta.

Com Deus, Jesus e o Espírito Santo, precisamos criar laço de Pai e filho, de amigos, de irmãos, e então conversarmos de forma adulta. Enviando e recebendo informação. É assim que adquirimos características do caráter de Deus e fundamentamos a nossa fé.

Clamar a Deus envolve a nossa fala e nossa atenção para ouvi-lo. Muitas vezes não damos tempo ao Senhor para falar, porque sua fala pode requerer de nós mais responsabilidade e mais compromisso. É o preço do crescimento. Se orarmos ao Senhor para que haja evangelização nos países onde é proibido levar as Boas-Novas e esperarmos que Ele fale conosco, pode ser que requeira nossa ida, nossa contribuição ou até mesmo um compromisso maior de oração envolvendo um jejum.

Mas é disso que fala Paulo aos Hebreus. Ele trata das coisas que acompanham a salvação. Não podemos continuar nos rudimentos da doutrina de Cristo, ou seja, nos passos iniciais. Mesmo que isso implique perseguição, mais oração, mais esforço, mais trabalho.

Quando clamar a Deus, espere para ouvi-lo. O que Ele mais espera de você? A obediência, o desejo pelo batismo com o Espírito Santo, a visita aos presos ou aos doentes, a entrega de folhetos com a Palavra Viva, a colaboração na Escola Dominical? Ele falará ao seu coração se der tempo para isso.

Já não podemos nos contentar com água nos artelhos; precisamos querer até o joelho e, quando chegarmos a esse ponto, desejar que a água suba até os lombos, até nadar nas águas do Espírito. Então já não teremos controle sobre nós, porque Deus é quem regerá a nossa vida.

> Clama a mim, e responder-te-ei e anunciar-te-ei coisas grandes e firmes, que não sabes. (Jr 33.3)

Quanto o Senhor tem a nos revelar!

Oração:

Senhor, eu sei que tu não habitas em templos feitos por mão de homens, nada pode me preencher se não for a tua presença. Ajuda-me a ser totalmente dependente de ti chamando-te a estar junto a mim todos os dias de minha vida. Amém!

2

Capítulo

Importou-se com os Pecadores

Ouve, pois, a súplica do teu servo e do teu povo de Israel, quando orarem neste lugar; também ouve tu, no lugar da tua habitação nos céus; ouve também e perdoa.

— 1 Reis 8.30

Tão maravilhosamente orou o rei Salomão! O seu coração estava nas pessoas. Não construiu o Templo para envaidecer-se nem para perpetuar o seu nome diante de tão grande obra. Também não construiu aquele santuário apenas para ter a sensação de dever cumprido, pois esta tarefa passou de seu pai Davi para ele, por ordem do Senhor. O seu objetivo não foi pessoal, nem egoísta.

Pela sua oração, entendemos que ele contemplava corações arrependidos achegando-se ao Pai. Uma obra que convidava o povo de Israel a converter-se dos seus maus caminhos. Um lugar de confissão, quem sabe de muitas lágrimas.

Quantas vezes há preconceito em nosso meio. Muito embora saibamos ser a igreja um lugar de cura, acabamos por rejeitar aqueles que, de fracos, caem. Este é o momento de nos importar. Não me refiro à tolerância ao pecado, que é o comportamento em que todos sabem do erro do irmão, mas não tocam no assunto. O pecador precisa de um toque de sincera compreensão!

Não há homem que não peque. Pecamos perversamente, obramos e cometemos iniquidade. Algumas pessoas estão mais distantes de Deus do que podem imaginar. Considera-se apenas o pecado expresso do outro (prostituição, adultério, roubo...), mas não reconhece o seu; escondido no seu íntimo. Cheio de invejas, porfias, amor ao dinheiro, máscara, fingimento...

Certo dia, tivemos um encontro com duas jovens. A primeira, prostituída, a outra criada nos parâmetros da sociedade com educação capitalista que, ao encontrar-se com aquela, lançou palavras de desprezo, embora estivesse aparentemente buscando mais de Deus.

Convidei a primeira a vir à igreja e ela disse, com um olhar profundamente triste, que não podia. Vi o profundo de sua alma dizendo: Sou pecadora, não mereço! Então lhe falei do quanto Jesus a amava e, ao sair, percebi qual delas estava mais próxima de Deus.

É preciso reconhecer-nos pecadores, não dar tanto valor à aparência e buscar o melhor do outro. Devemos também olhar além das evidências e perceber os tesouros da alma humana que só Senhor com seus olhos de misericórdia podem ver.

Temos errado, algumas vezes deliberadamente, porque conhecemos a verdade. Decidimos não dar ouvido à nossa consciência e cada vez mais graduamos as atitudes que nos afastam de Deus. Outras vezes somos levados a pecar pela falta de vigilância, ou seja, a atenção necessária àquilo que aparentemente não seria pecado. É bom lembrar que quando se tropeça não o faz naquilo que é visível aos olhos, mas cai-se por não observar os pequenos detalhes que estão à frente.

Há pecados tão ocultos aos corações! Luta-se contra alguns, mas há outros que se prefere não mexer. Escondê-los torna as pessoas tristes e solitárias!

Confessar o pecado e abrir o coração para Deus, aquEle que entende o seu sofrer, é a melhor opção. Ele cura, sara e perdoa.

Eu sou o Senhor que te sara... (Êx 15.26)

Cria em mim ó Deus, um coração puro e renova em mim um espírito reto. (Sl 51.10)

Jesus, porém, ouvindo, disse-lhes: Não necessitam de médico os sãos, mas sim, os doentes. Ide, porém, e aprendei o que significa: Misericórdia quero e não sacrifício. Porque não vim chamar os justos, mas os pecadores, ao arrependimento. (Mt 9.12,13)

Hoje somos convertidos, aceitamos a Jesus como Salvador e decidimos mudar o curso da nossa história. Optamos em deixar a maneira do mundo pensar e agir, e nos submetemos à vontade de Deus. Ter o caráter de Cristo é o nosso alvo. Sermos parecidos mais e mais com Deus exige dedicação.

Assim como todos os objetivos que temos, e que para alcançá-los, traçamos metas, assim precisamos definir encontros com o Senhor. Achamos que tudo está bem da forma como está. Basta frequentar e conviver com os santos, mas Jesus nos chama atenção: Eu vim para os doentes!

Quantas vezes o cristão afasta-se do meio da sua família e reserva o direito de não misturar-se. Se somos o sal do mundo, corremos o risco de tornar-nos salgado em concentração, enquanto o mundo é insípido.

Misericórdia quero, e não sacrifício. (Mt 9.13)

Misericórdia, de acordo com o Aurélio, significa compaixão suscitada pela miséria alheia. Isso vale mais, segundo Jesus, do que sacrifício. Conhecemos a Jesus para sermos salvos e para levar salvação a outros. Precisamos deixar que o mundo veja o novo homem no qual nos transformamos em Cristo. Silenciosamente, chamamos a atenção dos que nos rodeiam com o nosso novo modo de agir, com o nosso brilho nos olhos, e com a alegria que, apesar de toda adversidade, não cessa porque seguros estamos.

Nem se acende a candeia e se coloca debaixo do alqueire, mas, no velador, e dá luz a todos que estão na casa. (Mt 5.15)

Deus nos chama a viver uma fé praticante, em que, como Jesus, busquemos o aflito, o necessitado, o vacilante. Quanto mais os buscamos, mais podemos crescer em conhecimento e graça.

Não podemos tirar rapidamente conclusões a respeito de atos e fatos ocorridos. Nem sempre o que parece é. Os indícios podem apontar para uma conclusão que talvez não seja a verdadeira. Isso impede a aproximação com o Pai e com a igreja, porque contamina. Um dos fatores que faz com que os homens falem mais do que devem, algumas vezes, é quando veem o seu próximo conseguir algo material ou espiritual primeiro do que eles. Algumas vezes não aceitam, colocam defeitos e justificativas que desmerecem o irmão. Não sabendo eles que é por este motivo que não estão preparados para receber. É como sepulcro caiado. Bonito e limpo por fora, mas por dentro precisa ter uma nova postura.

Certa vez, estava acompanhando um familiar no hospital. Enquanto aguardávamos o resultado de exame que nós temíamos, recebemos a visita de uma mulher que tinha o intuito de evangelizar e, presumo, também de confortar. Quando vi essa mulher com a Bíblia na mão, sabia a que vinha, e esperei muito por esse apoio. Para minha surpresa, ela não se ocupou de saber quem éramos ou o que fazíamos ali, apenas abriu rapidamente a Bíblia lendo-a e orando seguidamente, despediu-se e saiu. Não pude deixar de admirá-la por deixar o seu lar e visitar os abatidos, também pude entender que a seara era grande e, pelo que vi naquele dia, somente ela estava disponível a esse serviço. Tal atitude foi para mim como encher uma bexiga e no mesmo instante esvaziar. Como precisávamos ser ouvidos! Como queríamos um abraço confortador!

Ouvir é uma forma de importar-se com o outro. Ouvir pacientemente ameniza a dor do irmão. Quando fazemos assim, criamos empatia e já não faremos uma oração intercessória vazia, mas uma oração com choro, porque sentimos sua dor. Colocamo-nos no seu lugar e pelo Espírito clamamos: Aba, Pai!

Pode até ser uma oração sem palavras, porque o nosso amor pelo aflito é expresso por meio de gemidos inexprimíveis do Espírito Santo. Pessoas reclamam por não terem suas orações ouvidas. Assim como o Pai, precisamos saber o que ouvir. Se são palavras não condizentes com a Palavra, não há como ouvir. Podem até mesmo contaminar-nos. É hora de clamar por misericórdia.

Há dificuldade de entendimento das orações não ouvidas. Isso porque "pedis mal, para o gastardes em vossos deleites" (Tg 4.3), ou até mesmo porque procuramos propósitos diferentes do Senhor. Algumas vezes estamos tão centrados em nós mesmos que não olhamos ao nosso redor. Só clamamos pelos nossos propósitos imediatos e não temos a visão de Deus.

> Lavai-vos, purificai-vos, tirai a maldade de vossos atos de diante dos meus olhos e cessai de fazer mal. Aprendei a fazer o bem; praticai o que é reto; ajudai o oprimido; fazei justiça ao órfão; tratai da causa das viúvas. Vinde, então, e argui-me, diz o Senhor; ainda que os vossos pecados sejam como a escarlata, eles se tornarão brancos como a neve; ainda que sejam vermelhos como o carmesim, se tornarão como a branca lã. Se quiserdes, e ouvirdes, comereis o bem desta terra. (Is 1.16-19)

O Senhor se importa tanto com o pecador! Oferece oportunidade de uma nova vida.

Ele diz que tomemos a atitude de deixar a maldade. Alguns de nós têm a consciência de seus erros e que nos são nocivos, mas ficamos esperando Deus fazer com que deixemos de pecar continuando a andar pelos caminhos errados.

Essa tarefa é delegada a nós. Se damos o primeiro passo como um sinal de decisão, o Senhor nos acolhe, e por mais intensos que tenham sido os nossos pecados, Ele torna diferente o nosso ser. Ele tem o poder de transformar a mancha que suja a nossa vida em algo invisível ao olhar divino. É o perdão que não se lembra das iniquidades cometidas. E ainda recebemos dádivas comendo o bem desta terra. É por esse imenso amor do Senhor que hoje posso escrever estas palavras. Eu recebi o perdão do Pai. Ele me lavou e me purificou para que fosse glorificado em minha vida. Meu Deus, como eu te amo!

Deixando para trás o pecado que é quase sempre movido pelas intenções egoístas, atentamos para todos que nos cercam. Fazendo o bem, levando a Palavra de libertação aos oprimidos, cuidando dos órfãos e das viúvas.

Sendo perdoados, devolvamos esse perdão ao mundo imerso na falta de compreensão do poder de Deus. Importar-se com os pecadores é clamar a Deus para vê-los livres do pecado imposto por Satanás.

É bem verdade que existem pessoas que escolhem deliberadamente o pecado. Preferem a vida miserável em troca de prazeres da carne. Envolvem-se com coisas obscuras, falam o que lhes vem à cabeça com ódio e revolta. São orgulhosos e vaidosos, querem sempre ser o primeiro e estar por cima mesmo estando no fundo do poço. Não medem esforços para humilhar. Acham-se os donos de onde pisam. Não têm regras de moralidade ou pudor. Não têm compromisso com a família ou sociedade. Querem ser livres, sendo totalmente escravos de Satanás.

Para com estes, devemos ter a atitude do "arcanjo Miguel, quando contendia com o diabo e disputava a respeito do corpo de Moisés, não ousou pronunciar juízo de maldição contra ele; mas disse: O Senhor te repreenda" (Jd 1.9). Mais abaixo, no mesmo livro de Judas, encontramos recomendações para termos misericórdia dos que caminham rumo ao fogo, arrebatando-os.

Um dia, após anos de tentativa para livrar uma pessoa do jugo satânico, perguntei ao Senhor o que estava acontecendo. Eu via a providência do Senhor em livrá-la do mal em que se envolvia, e via as suas oportunidades de restauração. Apesar dos livramentos, essa pessoa continuava pretensiosa, orgulhosa e afundando-se na lama do pecado. Ela tinha lampejos de lucidez espiritual. Deus respondeu-me: "Esta casta de demônios não se expulsa senão pela oração e pelo jejum" (Mt 17.21). Então decidi pagar um preço maior por aquela vida.

Ter misericórdia vai além de estado de piedade; é como o próprio vocábulo descreve: arrebatar, tirar com firmeza em nome do Senhor Jesus. Isso é importar-se com os pecadores. Deus se importa com os seus filhos e os disciplina. Se ficarmos sem correção, somos tidos como bastardos. Para o homem é mais sábio que resista ao pecado para que não venha a ser repreendido pelo Senhor.

É certo que ficamos mais fortes à medida que rejeitamos o pecado; para tanto, é necessário um começo. Dispensar toda forma de desvio das normas bíblicas torna-se, às vezes, muito difícil, frente aos novos valores seculares, e então lemos Hebreus 12.4: "Ainda não resististes até ao sangue, combatendo contra o pecado". Jesus fez assim e agora o esforço deve ser nosso. Quanto mais rejeitamos as promessas de vida fácil, mais crescemos em santidade.

Se de tudo o filho não obedece, Deus corrige, porque é Pai. "Que filho há a quem o pai não corrija?" (Hb. 12.7). A disciplina do pai não envergonha, pois é motivada pelo amor. Faz-nos ver os nossos erros. Foi assim que Paulo começou sua Carta aos Coríntios: Dando graças a Deus por haverem recebido a graça em Jesus Cristo.

Como pais também precisamos aprender com Deus como corrigir nossos filhos, não os envergonhando. Jó reclamou dos seus amigos que o envergonhavam e disse: "Até quando entristeceis a minha alma, e me quebrantareis com palavras?" (Jó 19.2).

Assim que nossos amigos ou irmãos necessitem discernir entre o certo e errado, ajamos motivados pelo amor e quando somos privilegiados com a correção, recebamos de coração aberto, porque "na verdade, toda correção, ao presente, não parece ser de gozo, senão de tristeza, mas, depois, produz um fruto pacífico de justiça nos exercitados por ela" (Hb 12.11).

Jesus amou incondicionalmente o homem e, como consequência, perdoou da mesma forma. Ele foi desprezado, humilhado e mesmo assim não desistiu de morrer por nós, pecadores. Ele era a vítima, e ainda assim pagou um sacrifício de morte para que todos tivessem a oportunidade de restauração e livre acesso ao Pai.

Em certa ocasião, ajudávamos a uma família financeiramente. Um deles levantou-se contra nós a fim de nos tirar do serviço de Deus. Usou palavras que não condiziam com o nosso coração e nos representou sem nenhuma autorização da nossa parte. Sofremos com essas atitudes. Decidi então não continuar com a ajuda, mas lembrei-me de Jesus na cruz, do seu amor incondicional para perdoar e então prosseguimos o que havíamos começado.

Nesse momento eu compreendi que Jesus foi além de perdoar, Ele se doou. Deu sua carne e seu sangue para que tivéssemos vida. Como discípulos de Jesus, precisamos parecer com seu caráter, e se realmente quisermos, teremos oportunidades como essa que tive de crescer espiritualmente.

É como anular um pouco da carne e começar a ter uma nova visão. Então começamos a contemplar a matéria de forma vazia e sem valor que é. Tornando-nos mais leves e desprendidos do peso, saltamos para pontos mais altos.

Um dia, estive observando um pequeno pássaro num bambuzal à beira de um lago. Os pais vinham e davam-lhe comida. Forte, então ele animava-se e batia as asas desordenadamente para alcançar ramos mais altos. À medida que nos tornamos mais maduros, alcançamos uma melhor visão até voarmos com segurança.

A maturidade não vem apenas com a idade; ela vem com o desejo consciente e com empenho para contemplar as coisas do Pai descritas na sua Palavra. O crescimento não é automático; exige trabalho e esforço próprio. Como consequência, a graça e a paz nos serão multiplicados.

Em 1 Pedro, o apóstolo nos convoca a colocar nossa diligência para conquistar as grandíssimas e preciosas promessas. É como buscar por um tesouro. Precisamos estudar o mapa que é a Bíblia, nos equipar, orando sempre, e sair para a conquista. Sozinhos, dentro de casa não aprenderemos muito. São nos relacionamentos que desenvolveremos a prática de perdoar e ser perdoado. Não podemos temer e nos retrair. Optamos crescer ou não. "No mundo tereis aflições, mas tende bom ânimo; eu venci o mundo" (Jo 16.33). Jesus diz que isso é possível.

Pedro, nesse contexto de diligência, começa com acréscimos à fé e culmina com amor pelos semelhantes. O Espírito Santo já instruía aos escritores da Bíblia quanto o amor ao próximo.

Num breve olhar sobre este aspecto entendemos ser fácil, mas se alguém tira-nos a paz, decidimos não mais passar pelo mesmo caminho a fim de evitá-lo, e então não crescemos.

Devemos desprender mais de nós para crescimento mútuo. A nossa atitude diante de tais fatos desencadeará outras atitudes, e se perdoarmos, somos perdoados. Aleluia!

Oração:

Reconheço-me pecador, Senhor. Aqueles que chegam à minha porta necessitam tanto de ti quanto eu. Assim como o Senhor libera amor, compaixão, paciência e perdão a mim, libere também eu aos meus irmãos.

3

Capítulo

Valorizou o que É Justo

Ouve tu, então, nos céus, e age, e julga os teus servos, condenando ao injusto, fazendo recair o seu proceder sobre a sua cabeça, e justificando ao justo, e fazendo-lhe segundo a sua justiça.

— 1 Reis 8.32

A nossa fé é imputada como justiça. "Porque dizemos que a fé foi imputada como justiça a Abraão" (Rm 4.9). É preciso ter perseverança na fé. Não são as circunstâncias que devem determinar o quanto confiamos em Deus, mas o seu amor provado na cruz do Calvário. Este deve ser o pilar da nossa esperança e saber que Deus quer o nosso bem. Ele tem sempre o melhor!

Tenho sido desafiada a não crer pelas circunstâncias o que aumentará a minha fé. Oro pela mudança de vida de uma pessoa diariamente e por vezes sou tentada pelos olhos da carne através das evidências a pensar que nada vai mudar. Estou centrada no Senhor e creio que é apenas uma circunstância, e então aparece outra para tentar desequilibrar, e pode aparecer ainda mais; todavia, nada vai me demover do meu propósito e esperança. Extraordinariamente consigo rir dessas situações deixando bem claro a Satanás que nesta guerra ele tenta ganhar algumas batalhas, mas a palavra de vitória já foi liberada a nós, e esta vida, quer queira quer não, é do Senhor Jesus.

Se hoje ainda não obtivemos o êxito que almejamos, com certeza ele virá no tempo e propósito do Senhor. A nossa fé precisa ser cultivada e alimentada para que cresça, floresça e dê frutos. Como podemos fazer isso? Dedicando-nos ao Senhor por meio da oração, da leitura da Palavra, do louvor. A comunhão com o Senhor faz a nossa fé crescer, porque se o buscamos de todo coração, nós o achamos.

Jesus nos justifica, quando sujos nos arrependemos. Torna alva a nossa veste nos dando uma nova oportunidade. E é nesta proporção que fala Salomão: "Justificando o justo, fazendo-lhe segundo a sua justiça" (1 Rs 8.32). Quanto mais buscamos a justiça de Deus, mais somos justificados, recebendo e doando o azeite que certamente transbordará.

Em Salmos 24.3, lemos: "Quem subirá ao monte do Senhor?... O que é limpo de mãos e puro de coração". Ter mãos limpas reflete nossos atos, tudo o que fazemos.

Podemos dividir o pecado em ações, omissões e pensamentos. Precisamos olhar para as nossas mãos, para a palma de nossas mãos, e perguntarnos como temos procedido. Será que ela serve-se a si própria, agindo somente em seu benefício? Trabalha com o único objetivo de receber, ao final de um mês, o salário? Já pensou quantas pessoas são endereçadas ao seu serviço não só por aquilo que aparenta, mas pelo que traz no seu espírito? Nosso trabalho é o nosso ministério.

Algumas pessoas pensam que é preciso um cargo na igreja para exercer o seu ministério, mas onde estamos é que poderemos desenvolver os nossos dons. Vemos pessoas infelizes nos seus empregos, pois só almejam a recompensa que lhes parece insuficiente. Se colocarmos o desejo de servir e ajudar as pessoas em primeiro plano, seremos progressivamente envolvidos pelo Espírito bom do Senhor e, ao final, sentiremos que deveríamos agradecer por estarmos naquele lugar e tamanho será o nosso contentamento e alegria.

O salário honesto é uma consequência de quem realmente somos. O retorno é sempre o quanto plantamos. O dinheiro compra coisas, mas não traz felicidade. Olhemos novamente nossas mãos. O que elas têm feito? Afagam o necessitado ou estão aparentemente tão lavadas e hidratadas que não podem sujar-se para acariciar o abandonado?

Nossas mãos têm doado? O ato de doar dá-se pelas mãos, concretizam um desejo do coração. Veja que elas obedecem ao seu interior, sua essência. Precisamos de mãos limpas para chegar até o lugar Santo do Senhor.

Mãos que se levantavam em adoração. Cheias para oferecer ao Senhor atitudes benevolentes e humildemente vazias para receber a sua graça. Mãos restauradoras de lares! Mãos amigas! Mãos ajudadoras! Aleluia!

Também o coração subirá ao monte Sião. Puro! Sem manchas, sem mistura. Somos alertados em Mateus 6.24:

> Ninguém pode servir a dois senhores, porque ou há de odiar um e amar o outro ou se dedicará a um e desprezará o outro. Não podeis servir a Deus e a Mamom.

Sim, Deus é único. Não podemos dizer que o amamos à nossa maneira, que dividimos o nosso coração: parte do Senhor, parte do nosso próprio interesse. Não há como fazer assim. No íntimo, essas intenções se misturam e não há como ser verdadeiro desta forma. É justo dar exclusividade ao Senhor. Um coração puro genuinamente do Senhor. Hão de surgir renúncias a serem feitas em favor de uma vida consagrada. A carne luta para os seus prazeres, mas o espírito deve permanecer firme no seu propósito de adorar ao Senhor verdadeiramente.

Requer de você, requer de mim que procuramos viver o compromisso com o Pai porque o amamos e porque já sabemos que não vale a pena dividir nosso coração. Vale manter o coração puro para ver a glória do Pai. Estar diante dEle e dizer-lhe: Santo! Santo! Santo! Tu és Santo, Senhor! Assim chegaremos ao monte Sião com mão limpas e o coração puro.

Lembremos de que precisamos sempre ser renovados pelo Senhor porque todas as nossas justiças são como trapo de imundícia (Is 64.6), para não nos envaidecer quando buscamos santificação. Parece estranho, mas ocorrem casos em que o fato de Deus começar a operar através de uma vida, esta pensa ser especial, e certamente é, pois busca com intensidade ao Senhor, mas deve estar centrada para que a honra e a glória sejam do Pai. Não abrir nenhum espaço para ser reverenciado porque as nossas justiças não passam de trapo de imundícia comparadas às que o Senhor derrama dos céus sobre a vida dos seus.

> Mas Deus escolheu as coisas loucas deste mundo para confundir as sábias; e Deus escolheu as coisas fracas deste mundo para confundir as fortes. (1 Co 1.27)

O homem cria padrões dos mais diversos segmentos da sociedade. Na igreja não é diferente. Cria-se uma cultura para determinadas coisas e segue-se aquele padrão por vários anos. Uma hipótese é que para ser ministro é preciso ter curso de teologia, vestir-se com roupas sociais, usar cabelo curto, falar eloquentemente... e o Senhor olha do céu e contempla alguém como Amós que disse a Amazias: "Eu não era profeta, nem filho de profeta, mas boieiro e cultivador de sicômoros. Mas o Senhor me tirou de após o gado e o Senhor me disse: Vai e profetiza ao meu povo Israel" (Am 7.14,15). Com certeza Deus tem parâmetros para seus obreiros descritos em 1 Timóteo 3, mas falo daquilo que o homem institui e sente dificuldade em desprender-se desse estereótipo, quando Deus, que olha o interior, escolhe.

Deus valoriza sempre o que é justo. Pelas histórias bíblicas, vemos que Ele sempre procurou preservar a descendência, mas se não respondesse ao chamado com justiça, este não era mais reconhecido.

> Quem é injusto, faça injustiça ainda; e quem está sujo, suje-se mais ainda; e quem é santo, seja santificado ainda. (Ap 22.11)

Deus busca os seus nos lugares mais simples ou até mesmo nos lugares requintados. Lembro disso porque a cultura hoje é achar que Deus só opera na igreja aparentemente humilde. Deus chama pela justiça onde quer que esteja e coloca no lugar em que desejar. E o homem cheio de rótulo examina com olhos carnais e pensa: *O que essa mulher ou esse homem está fazendo em nosso meio e ainda profetizando? Nem eu que estou aqui há tanto tempo fui batizado com o Espírito Santo...* Prefere menosprezar, mas o Senhor contempla o coração e faz justiça àquele que se dobra verdadeiramente diante dEle.

Deus nos tira de trás do gado e nos coloca no lugar que Ele considera ideal para o coração que temos. Aleluia! Alguns, mesmo sendo ricos, possuem um espírito simples, e outros, sendo pobres, têm um coração altivo. Isso acontece mais vezes do que pensamos, considerando que o contrário ocorre muito também.

Quem de nós já não visitou uma casa rica em que todos os objetos são caros e cuidadosamente colocados, e parece que ninguém vive ou passa por ali? Saímos sem nada receber porque as pessoas que vivem ali não desenvolveram a prática de abençoar materialmente, mesmo que seja com uma simples xícara de café. Nem mesmo podem ofertar uma conversa calorosa que faz bem à alma porque não têm para oferecer. Em contrapartida, somos agraciados em casas simples onde podem ser encontrados objetos fora de moda, mas a alegria em nos receber é tão grande que sentimos prazer e vontade de voltar. Essas casas, mesmo não tendo, conseguem dar.

O fato é que não podemos nos colocar no lugar de Deus e prejulgar. O Senhor pode chamar loiros, morenos, cabeludos ou carecas, pobres ou ricos, senhores ou servos. Deus é justo, e a sua justiça manifesta-se por meio daqueles que escolhe independentemente das nossas próprias escolhas. E a toda autoridade deve ser respeitada como tal, pois são instituídas com a permissão do Senhor. O quanto poderemos exercitar humildade, mansidão, paciência, tendo um chefe de temperamento difícil? Se não temos poder para delegar ou destituir, precisamos buscar vitória nos joelhos dobrados.

Deus, com sua infinita sabedoria e justiça, nos conduzirá de um ambiente tenso a um caminho tranquilo, desvendando nossos olhos dos preconceitos, da murmuração, da contenda. Ao nos submetermos a Deus, o nosso interior é transformado provocando mudança ao nosso redor.

> Exorta os servos a que se sujeitem a seu senhor e em tudo agradem, não contradizendo, não defraudando; antes, mostrando toda a boa lealdade, para que, em tudo, sejam ornamento da doutrina de Deus, nosso Salvador.
> (Tt 2.9,10)

É assim que Paulo trata a respeito do serviço terreno. A forma como cristãos empregados devem proceder diante de seus empregadores. Paulo não coloca circunstâncias para agir dessa forma. Ele espera que o crente, independentemente da ação do empregador, testemunhe a sua fé num Deus extremamente justo.

No meu segundo emprego, como professora primária da rede estadual, ministrei aulas por dez anos e confrontei algumas vezes com os meus superiores. Achava que algumas coisas deveriam ser conduzidas de outra forma e achava que eu estava na direção mais certa. Conhecia a Bíblia e sabia que as autoridades são instituídas pelo Senhor, mas mesmo assim murmurava. Era totalmente imatura na idade e na espiritualidade. Hoje vejo que poderia ter contribuído mais, sujeitando-me à ordenação humana por amor do Senhor, como fala a carta de 1 Pedro 2.13. Isso seria mais justo do que tentar buscar fazer a minha própria justiça. Em obediência ao Senhor, tenho certeza que o nosso serviço fluiria de modo benéfico a todos envolvidos, especialmente a mim. Deus seja louvado por eu haver apreendido tal ordenança do Senhor.

Assim podemos entender também o conceito de servo no campo espiritual. Que o nosso coração possa estar sujeito àquilo que o Senhor nos designar. Sem murmurações, estejamos atentos, obrando por meio da fé, pois o nosso Deus está com "os [seus] olhos abertos sobre todos os caminhos dos filhos dos homens, para dar a cada um segundo os seus caminhos e segundo o fruto das suas obras" (Jr 32.19). Deus é justo, ainda que a sua justiça perfeita seja diferente da nossa que mede quantidade.

Além de justo, o Senhor é bom, e sobre bondade nós ainda precisamos aprender muito. No livro de Mateus, capítulo 20, Jesus une justiça e bondade numa parábola sobre o Reino dos céus. Quase sempre vemos a justiça como algo que deve ser milimetricamente calculado e pensamos que, para a justiça acontecer, alguém precisará ceder ou obrigar-se em detrimento de outrem. Nessa parábola, vemos o caráter do Senhor sendo justo e bom. Conta-nos Jesus que um homem, pai de família, saiu de madrugada a assalariar trabalhadores para sua vinha e ajustou o valor para um dia de trabalho.

Chamou alguns trabalhadores perto da terceira hora, outros perto da hora sexta e nona, e ainda outros perto da hora undécima. Todos anteriormente encontravam-se ociosos na praça. No final do dia, os derradeiros começaram a ser pagos e os primeiros então pensaram que receberiam mais do que eles, pois haviam trabalhado mais, porém recebendo de igual modo, murmuraram.

O pai de família então lhes explicou que contra eles não fazia agravo nenhum, pois pagava o que foi combinado e que queria pagar aos outros tanto quanto a eles e perguntou: "Ou não me é lícito fazer o que quiser do que é meu? Ou é mau o teu olho porque eu sou bom?" (Mt 20.15).

Aqui nós podemos compreender o quanto somos metódicos na questão da justiça. Somos como esse servo que murmura quando o Senhor deliberadamente dá aos nossos irmãos. Não é com base em uma comparação do que somos ou fazemos e do que o outro é ou faz que podemos instituir a justiça. Deus, com seu coração perfeito, faz justiça com bondade.

Os nossos olhos podem ser egoístas, e podemos achar que a justiça precisa se encaixar num quadrado dividido ao meio onde a quantidade é exatamente igual para as partes. Justiça também é bondade, é olhar as diferenças. Se tratarmos todos com a mesma medida poderemos ser injustos nas circunstâncias diferentes em que vivem os homens. Alguns precisam de mais, outros precisam de menos. A justiça não é uma conta ou um peso, mas bondade.

O Senhor fala: "Eis que vêm dias, diz o Senhor, em que cumprirei a palavra boa que falei à casa de Israel e à casa de Judá. Naqueles dias e naquele tempo, farei que brote a Davi um Renovo de justiça, e ele fará juízo e justiça na terra" (Jr 33.14,15).

Aleluia! Jesus veio para fazer o juízo e a justiça sobre nós.

Jesus nos justifica diante do Pai e, por meio dEle, recebemos bênçãos sem fim.

Mais uma vez Deus foi Justo e Bom dando-nos o seu Filho, Jesus, para nos libertar, nos curar, nos salvar e nos amar. Glória a Deus!

Oração:

Amado Deus, ensina-me a ser justo na medida da bondade assim como o Senhor é. Obrigada por me justificar em teu Filho Jesus.

4
Capítulo

Reconheceu o Valor do Arrependimento e do Perdão

Quando o teu povo de Israel for ferido diante do inimigo, por ter pecado contra ti, e se converterem a ti, e confessarem o teu nome, e orarem, e suplicarem a ti nesta casa, ouve tu, então, nos céus, e perdoa o pecado do teu povo de Israel, e torna a levá-lo à terra que tens dado a seus pais.

— 1 Reis 8.33,34

Salomão preparou a casa para os arrependidos, pedindo a Deus misericórdia e perdão.

Em sua oração não esquece das lutas e pelejas pelas quais passa todo aquele que, havendo pecado contra Deus, é ferido diante do inimigo.

Não é regra de Deus que sejamos enfraquecidos mediante nossa desobediência, mas consequência. Quando não nos submetemos ao Todo-Poderoso por questão de livre-arbítrio, também somos responsáveis pelo resultado de nossas escolhas.

Ainda há tempo! Temos a nosso favor a conversão e a confissão de que fala Salomão: primeiro nos arrependemos. Percebemos o quanto nossa atitude de insubmissão foi terrível para nós mesmos. Pensamos que se tivéssemos nova oportunidade não faríamos mais do mesmo modo, ou seja, do nosso modo; que se pudéssemos mudaria tudo, de acordo com os ensinamentos do Senhor.

Enxergamos o erro! Profundamente nos arrependemos e então declaramos ao Senhor. Confessamos o nosso pecado com tristeza como uma entrega expressa proclamando que sem Ele nada somos. Então dos céus, em Cristo Jesus, Deus ouve e perdoa o pecado nos levando novamente à terra que verdadeiramente dá frutos.

O perdão e o arrependimento do Senhor ficam expressos na história de Jonas. Muitas vezes não entendemos o tempo do Senhor. Achamos que Ele tarda. O Senhor não é imediatista, mas longânimo. Quantas vezes usou de longanimidade na nossa própria vida. "As misericórdias do Senhor são a causa de não sermos consumidos" (Lm 3.22).

Nínive era uma cidade grande afundada na malícia, e o Senhor mandou Jonas pregar contra ela. Como já sabemos, Jonas fugiu do seu compromisso, mas foi apanhado pelo Senhor. Não há como fugir a um chamado, por mais difícil que possa parecer. Por mais que se levantem contra nossas vidas com espírito de desprezo. O Senhor diz: Eu sou! E já não podemos temer: O Espírito Santo é aquEle que nos enche de ousadia para a obra.

Então Jonas entra naquela cidade e começa a pregar o que o Senhor havia ordenado e, para sua surpresa, o comportamento das pessoas começou a mudar.

Os homens creram em Deus, proclamaram um jejum e vestiram-se de saco, desde o maior até o menor e até mesmo os animais. E clamaram fortemente a Deus, convertendo-se do seu mau caminho e da violência que havia em suas mãos. Assim o Senhor arrependeu-se do mal que disse que lhes faria e não o fez.

Algumas vezes vamos à igreja e somos exortados. Sabemos que é direcionado a nós, pois nos conhecemos e decidimos dar ou não ouvidos. Se nos vestimos de saco e nos entristecemos porque fomos confrontados, se jejuamos para nos libertar do jugo e se invocamos o perdão do Senhor, então recebemos uma alegria que vem do coração perdoador do Pai.

Quando preferimos achar que não é conosco, optando ficar no mesmo estado, ainda assim o Senhor se mostra compassivo aguardando o momento que seu filho não vai mais suportar viver a vida que ele próprio constrói e de tão pesado o fardo, ele caído, destruído, sem forças, volta-se para o Senhor e clama: "Tenho sede! Dá-me de beber!" O Senhor não o rejeitará. Ele é Pai e recebe seus filhos como estão. Olha para o coração, dá roupas novas e coloca um anel no dedo.

Jonas não compreendia isso. Pensou que ficaria desacreditado, mas é bom saber que Deus é, segundo Jonas, "piedoso e misericordioso, longânimo e grande em benignidade, e que te arrependes do mal" (Jn 4.2).

Quando for usado por Deus para as pessoas, lembre-se do caráter do Pai. Pessoas têm intelecto, coração, e diante de tal situação como a de Nínive, é mais inteligente arrepender-se, e eles arrependeram-se verdadeiramente. Somos pessoas e não aboboreira. Foi assim que o Senhor ensinou a Jonas que havia se compadecido da aboboreira, e o Senhor não se compadeceria de uma cidade?

Deus muda nossa história! A história do nosso casamento, dos nossos familiares e dos amigos quando há arrependimento e desejo de mudança.

Salomão clamava ao Senhor numa intercessão.

Amós também intercedeu e disse: "Senhor Jeová, perdoa; como se levantará agora Jacó? Pois ele é pequeno. Então, o Senhor se arrependeu disso. Não acontecerá, disse o Senhor" (Am 7.2,3). Precisamos ouvir quando vem a correção. Mesmo que conheçamos o coração longânimo do Pai, é necessário nos mover impedindo o nosso próprio sofrimento e também contribuindo com testemunho de vida. É por meio de nossas vidas transformadas que outras serão. Jesus disse: "Ide, porém, e aprendei o que significa: Misericórdia quero e não sacrifício. Porque eu não vim para chamar os justos, mas os pecadores, ao arrependimento" (Mt 9.13).

Baseados em alguns textos bíblicos e interpretados à sua maneira, o homem entende fazer justiça. Não podemos imaginar a dor de alguém sendo expulso de uma comunidade cristã. A vergonha causada pode desencadear sofrimentos profundos, ocasionando distúrbios que podem levar ao fundo do poço. É preciso ser muito forte ou encontrar na sua estrada uma mão estendida para dar-lhe apoio, trazendo-o de volta à vida.

Muitos têm se portado como fariseus. Dominam a letra, escondem seus erros e ferem seus irmãos já machucados pelo pecado e por Satanás. Em nome de quem tomam tais atitudes?

Trouxeram a Jesus uma mulher pega em adultério e queriam que a condenasse. Jesus disse que aquele que não tivesse pecado que atirasse a primeira pedra. Nenhum deles pôde apedrejá-la, porque se o homem faz um juízo de si próprio não precisará ser julgado. Então falou à mulher: "Vai e não peques mais".

Jesus veio chamar os pecadores ao arrependimento. Salomão clama pelos arrependidos, que obtenham o perdão do Senhor naquela casa de oração. Quando Jesus liberou palavra de perdão àquela mulher pega em adultério dizendo eu também não te condeno, Ele via a face desesperada de alguém prestes a perder a vida. A vida é tão preciosa para Deus e para nós! Ele a perdoou e deu-lhe mais vida. O pecado tira a vida, mas Jesus torna a dar.

Diante de tal comportamento, aquela mulher aprendeu muito mais do que toda aquela agressão contra seu corpo. Eles poderiam destruir o corpo e, consequentemente, em pecado como estava, sua alma não veria a glória do Senhor, mas Jesus deu-lhe a oportunidade de não pecar mais.

Quanto temos nos arrependido? Frequentamos a casa do Senhor com real objetivo de adorá-lo e de confessar os nossos pecados e honestamente não querer mais praticá-los? Jesus veio nos chamar, e se nos arrependermos dos nossos pecados seguiremos os seus passos rumo à Terra Prometida, lugar de santificação e adoração.

> Eu, eu mesmo, sou o que apaga as tuas transgressões por amor de mim e dos teus pecados me não lembro. Procura lembrar-me; entremos em juízo juntamente; apresenta as tuas razões, para que te possa justificar. (Is 43.25,26)

Deus nos mostra que Ele é poderoso para perdoar. Muitas vezes padecemos pela falta de perdão de um irmão, por não dar perdão ou até mesmo por não se perdoar. Nós devemos entender que o poder de perdoar vem do Pai. Se vivermos em unidade com Ele, compreenderemos isso de forma mais clara e teremos uma vida mais agradável.

Deus nos dá sempre uma oportunidade para nos justificar. Hoje, vivemos no tempo da graça e diante do Pai somos justificados em Jesus. Quando Deus fala: "Apresenta as tuas razões para que te possa justificar", Ele quer manter um diálogo. À medida que nos abrimos para o Senhor, falando as nossas razões, vamos sendo tratados. O seu Espírito nos faz entender quais comportamentos podem ser mudados, quais pensamentos devem ser mantidos ou abolidos, qual caminho tomar diante de situações que nos são apresentadas. E então em Jesus somos lavados e recebemos de Deus o perdão.

Imagine o pecado como uma porção de lama seca nas suas vestes. Para cada pecado, uma nova porção. Se não pararmos para nos lavar no sangue de Jesus, poderemos ficar tão pesados a ponto de não nos mover. E essa circunstância se torna um prato cheio para Satanás dominar trazendo doenças, tristezas, solidão, miséria.

O homem peca pela sua natureza. Deus não contemplou um justo sequer na face da terra, todavia, deu-nos a possibilidade de nos arrepender e de pedir perdão para sermos perdoados. Dia após dia devemos buscar o seu perdão e a santificação, sem a qual não veremos a Deus.

Para haver arrependimento de pecado, é preciso conhecer a lei de Deus. Assim como temos leis que regem a nossa sociedade para que haja convivência pacífica e justa — e ninguém pode alegar desconhecê-la como justificativa para seus erros —, temos também as leis espirituais para que, num futuro próximo, sejamos aceitos como cidadãos na cidade celestial e que também é refletida no meio em que vivemos.

> Errais não conhecendo as Escrituras. (Mt 22.29)

Somos tidos como inocentes até sermos confrontados com a verdade. Daí o nosso dever é estudar as Escrituras a fim de não errarmos mais, e cumpri-la em Jesus como uma atitude de amor.

O primeiro passo é conhecer os Dez Mandamentos. Deles retiramos a essência do caráter de Deus e, observando-os, podemos ser transformados e felizes. Vale conhecê-los em Êxodo 20 e trazê-los para nossa vida, vivendo em Jesus cada ordenamento. "Para que prosperes em tudo quanto fizeres. Para onde quer que te voltares" (1 Rs 2.3).

Depois de passar pela destruição, o povo judeu se espalhou. Muitos foram levados cativos, outros escaparam e ao unirem-se novamente na reconstrução do muro, Esdras lê a Lei diante do povo que, ouvindo as palavras da Lei, choravam. Choravam pelos seus pecados, pois haviam esquecido da Lei. Então os filhos de Israel se ajuntaram com jejuns e sacos, e traziam terra sobre si. Confessaram seus pecados e a iniquidade de seus pais. Puderam então adorar ao Senhor Deus limpos dos seus pecados, renovados dentro da Jerusalém. Aleluia!

Um cristão deve se parecer com uma árvore frondosa. Uma árvore plantada!

Se vamos à floricultura e compramos um buquê de rosas, veremos que estas normalmente não trazem raízes. São lindas, mas estão cortadas. Logo o seu estado passará e o seu destino será limitado. Assim é o crente que só tem aparência. Às vezes fala de Jesus, mas a sua palavra não tem profundidade como a árvore plantada. Logo que chegam as adversidades, não pode suportar e murcha. O crente, como a árvore enraizada, com raízes fortes, está fundamentada na Palavra. Quando fala traz a vida, muda comportamentos, gera busca.

> Antes, tem o seu prazer na lei do Senhor, e na sua lei medita de dia e de noite. Pois será como a árvore plantada junto a ribeiros de águas, a qual dá o seu fruto na estação própria, e cujas folhas não caem, e tudo quanto fizer prosperará. (Sl 1.2,3)

Se meditarmos na Palavra, somos transformados e agraciados, reconhecemos os nossos erros e podemos nos arrepender recebendo de Deus o seu perdão.

O mundo fala que hoje as pessoas mais produtivas são as que detêm mais informação. Isso também vale para o mundo espiritual. Quanto mais meditar na Palavra, mais poderão fazer por si e por outros. Arrependidos, quando conhecemos a verdade, seremos perdoados, porque reconhecemos a iniquidade descrita na Palavra.

Deus fala para Jeremias dizer a Israel e Judá:

> Volta, ó rebelde Israel, diz o Senhor, e não farei cair a minha ira sobre vós; porque benigno sou, diz o Senhor, e não conservarei para sempre a minha ira. Somente reconhece a tua iniquidade, que contra o Senhor, teu Deus, transgrediste. (Jr 3.12,13)

Reconhecer a iniquidade requer coragem para confrontar-se. É preciso admitir o pecado que, às vezes, tão entranhado, confunde-se com o próprio eu, fazendo parte da rotina diária, parecendo normal. Se somos tocados pelo Espírito Santo para observarmos e tratamos nossos pecados pelo nome, ficamos assustados.

O desejo de possuir tudo aquilo que nosso irmão possui, os questionamentos excessivos sobre como e porque alcançou tal sucesso, é inveja, cobiça; reter os direitos empregatícios conscientemente é roubo; o desprezo a alguém que feriu ou magoou, é desprezo; trabalhar demasiadamente e sentir-se cansado a ponto de não adorar ao Senhor é ter outros deuses. Idolatria.

Os nossos pecados não podem ser encobertos. Devem ser vistos como são. Não há meio pecado ou pecadinho; todos os pecados devem ser confessados diante do Pai, pois qualquer que seja a forma ou tamanho impede-nos de ter comunhão com Deus. Ao pedir ao Espírito Santo de Deus que nos revele, veremos que não somos tão melhores que aqueles que manifestam seu pecado a ponto de serem privados de estar no meio da sociedade.

Jesus usou a parábola do trigo e do joio para comparar o Reino do céu. Os dois crescem juntos para que o trigo não seja arrancado em meio à limpeza, porém, na ocasião da ceifa, o joio será colhido primeiro para ser queimado enquanto o trigo será ajuntado no celeiro.

Através dos olhos podemos ler o interior do homem. Percebemos o que vai no seu coração e pelas suas palavras o identificamos "pois do que há em abundância no coração, disso fala a boca" (Mt 12.34). Como nos classificamos? Joio ou trigo?

Há muito trigo fazendo a diferença no meio da plantação; às vezes tão comum na aparência, entretanto lutando para transformar joios em trigo.

Existem também trigos tornando-se joio. Em vez de prosseguir sua carreira, desistem e tornam-se mais um para ser resgatado, quando poderiam somar. Acabam voltando a oração dos santos à sua intercessão. Sendo joio ou ex-trigo, pense no quanto pode realizar através do arrependimento e volte-se para o trono da graça. Não queremos ser queimados; queremos ser recolhidos a um lugar seguro onde realmente somos úteis.

Paulo fala profundamente aos Hebreus no capítulo 6 advertindo-os sobre recair no pecado, àqueles que "uma vez foram iluminados, e provaram o dom celestial, e se fizeram participantes do Espírito Santo, e provaram a boa palavra de Deus e as virtudes do século futuro, e recaíram sejam outra vez renovados para arrependimento; pois assim, quanto a eles, de novo crucificam o Filho de Deus e o expõem ao vitupério". (vv. 4,5).

Amados, o amor de Jesus por nós é muito grande. Vê-lo padecer na cruz para nos dar uma vida sadia nos faz entender o quanto Ele é Digno. O Senhor é Digno! Digno de receber nossa honra, glória e louvor.

Não podemos condená-lo novamente a sofrer todas aquelas dores com o nosso mau testemunho, voltando para o charco de lama onde estivemos um dia. Quem prova a boa Palavra de Deus, o dom celestial, a luz do Senhor e participa do Espírito Santo sabe que vale a pena ter regras e ser obediente. Quão tristes são as trevas, as atitudes escondidas, o peso na consciência. A destruição que acarreta a si próprio e a todos à sua volta.

Recentemente eu e meu marido tiramos uns dias de descanso. Escolhemos um Estado de clima mais quente e de natureza exuberante. Entendemos que nossos passeios não são nossos, mas do Senhor, e sempre levamos folhetos de evangelização em especial a esse Estado do nosso país que carece da verdade. Observei como nunca o quanto esse lugar é sem regras, podemos dizer um "lugar sem lei." Tudo pode e por isso atrai tantos jovens.

Havia muitos jovens nesse período; eles estavam em um tipo de recesso escolar. Desacompanhados dos pais, faziam o que tinham vontade. Certa madrugada, acordei com gritos e observei da janela quatro adolescentes drogados. Uma moça gesticulava estranhamente, levantava e abaixava o corpo. Falava sem parar, gritava, empurrava os outros. O rapaz era um morto de pé. Confesso que chorei. Chorei por eles, pelos pais, pela nossa juventude. Eu vi o retrato do descaso de autoridades, de pais e das pessoas que se diziam responsáveis por eles.

Nesse lugar onde o que importa é que todos aproveitem tudo omitindo-se, por exemplo, do cumprimento do estatuto da criança e do adolescente, os jovens não pensam e não querem saber que, de uma semana de balada, podem levar para o resto de suas vidas uma doença incurável, um vício, uma gravidez indesejada, a prostituição, emoções abaladas e tantas outras consequências.

No momento oportuno estive com eles. Sorri para cada um, entreguei-lhes a Palavra da salvação. Não fui orientada pelo Espírito para falar, apenas transmitir-lhes o amor do Senhor através do gesto de aceitação assim como estavam. Foram receptivos, agradeceram e mudaram para um semblante mais sério. Eu diria mais introspectivos e conversaram baixinho entre si assim que tomei o meu caminho. Que Deus possa encaminhá-los por meio de pessoas comprometidas com seu evangelho em seus estados de origem!

Uma vez arrependidos e perdoados, levemos essa dádiva adiante com compromisso.

Perdoar é doar-se. Não é apenas dizer que perdoa ou até mesmo esquecer. Perdoar é amar sempre e continuamente. Jesus agiu assim. Seguir os caminhos de Jesus é renunciar todos os dias o nosso próprio ser doando-se ao irmão. Na cruz Jesus perdoou e se doou para tantos quantos o fizeram padecer. "Dê a face ao que o fere; farte-se de afronta" (Lm 3.30).

Assim, Jesus cumpre o que Jeremias predisse.

Oração:

Vem, Santo Espírito de Deus, e enche o meu coração de arrependimento pelos meus pecados, ajuda-me a confessá-los e não mais tornar atrás. Em Jesus, amém.

5

Capítulo

Lembrou-se das Chagas da Terra

Quando houver fome na terra, quando houver peste, quando houver queima de searas, ferrugem, gafanhotos e pulgão, quando o seu inimigo o cercar na terra das suas portas ou houver alguma praga ou doença, toda oração, toda súplica que qualquer homem de todo o teu povo de Israel fizer, conhecendo cada um a chaga do seu coração e estendendo as mãos para esta casa, ouve tu, então, nos céus, assento da tua habitação, e perdoa...

— 1 Reis 8.37-39

Não diferente daqueles dias, a terra tem sido assolada. O homem polui e desmata. De forma egoísta, capitaliza e transgride leis seculares e leis divinas. Não se contenta. Não assume sua ignorância diante do vazio que só pode ser preenchido por Deus, e assim busca o seu contentamento naquilo que não o satisfaz.

A Terra e o seu povo padecem. Sua face reflete desgaste, terror, lágrimas e sofrimento, porque não se cumpre com o mandamento: "Amar ao teu próximo como a ti mesmo", o que foi reforçado por Jesus ao resumir todos os Mandamentos.

Vemos então, pelas ruas, crianças tão pequeninas a mendigar o pão, hospitais que não comportam tantos enfermos nas mais diversas debilidades físicas, mentais e emocionais. Brigas intensas de países pelas riquezas alheias, ignorando por completo o direito humano à vida, à segurança, à paz.

Presídios superlotados, depósitos de pessoas, às vezes tão vítimas quanto nós. Tráfico de drogas, legislação protecionista a determinados grupos, e continua-se vivendo como se o problema não existisse.

A exemplo de Salomão, quantas vezes dobramos o joelho para orar e chorar por esta terra? Quantas vezes derramamos lágrimas num clamor a Deus por este país? Ou mesmo compadecer-se e levar ao Senhor a nossa tristeza pelo nosso município, Estado e governantes, como ensina a Palavra?

Importa começar a partir da nossa oração. Amanhã poderá ser um grupo a orar movido pelo ardor no coração pelos povos. Uma igreja, um ministério específico de intercessão a clamar pela cura das chagas que nos atingem.

Um dia, Ezequias adoeceu e veio a ele Isaías, com um recado do Senhor, dizendo-lhe: "Põe em ordem a tua casa, porque morrerás e não viverás... e chorou Ezequias muitíssimo" (Is 38.1), na presença do Senhor, fazendo-o lembrar de que era reto aos seus olhos. "Então, veio a palavra do Senhor a Isaías, dizendo: Vai e dize a Ezequias: Assim diz o Senhor, o Deus de Davi, teu pai: Ouvi a tua oração e vi as tuas lágrimas; eis que acrescentarei aos teus dias quinze anos" (vv. 4,5).

Se o Senhor nos dissesse hoje para colocar a nossa casa em ordem, por onde começaríamos? Podemos olhar os aspectos exteriores, e também descobrir que faltam atitudes a serem tomadas. Não podemos pensar que participar regularmente da igreja nos faz verdadeiros cristãos.

É possível que, ao chegar diante do Pai, fiquemos surpresos porque deveremos prestar conta dos talentos que nos foram confiados. Se o Senhor Deus perguntar: Quantas vezes você visitou o asilo e segurou a mão dos anciãos? Alguma vez você falou de mim a um presidiário? Embalou uma criança abandonada? São atitudes que independem de circunstância ou dinheiro.

É possível que argumentemos: "Mas esse não era o meu papel. Existem missionários, pastores, assistentes sociais, governo, enfim, eu não sou responsável por isso. A minha obrigação eu cumpri: fui a todos os cultos, entreguei o dízimo, cantei no coral e dei esmola".

E o Senhor dirá: "Viveste tão somente para ti!"

Precisamos ir além da religiosidade que ilude a nós próprios. Amar ao próximo como a nós mesmos é pagar um preço de oração para que se conheça Jesus como Salvador. É pedir almas para levar ao seu altar. Orar, encaminhar e acompanhar.

Pôr em ordem a nossa casa vai além de saldar as dívidas, fazer as pazes com o vizinho, entesourar para os filhos... Pôr em ordem a nossa casa é derramar-nos na presença do Senhor e querer saber qual é a sua vontade em nossa vida. É pedir santificação para que o vaso esteja cheio de azeite, de unção do Espírito Santo para melhor servi-lo.

Usa-se muito a expressão "servo do Senhor", mas serve-se muito pouco. Queremos exatamente o contrário: ser servidos por Ele. Queremos recompensa de valor ou reconhecimento. Não servimos gratuitamente, mas fazemos por merecer. Quanto entristecemos o coração do Pai! Ele, como Pai, nos dá porque é tão Fiel!

Nós precisamos crescer espiritualmente e ajudar aqueles que ainda não atingiram maturidade espiritual. Quando estivermos diante de Deus poderemos nos arrepender e dizer-lhe: Ah, meu Pai, como errei, busquei meus próprios desejos. Era como um poço sem fundo, nunca me satisfiz. Sempre achei que chegaria um momento em que poderia dispor-me mais ao teu chamado, mas nunca me contei. Eu precisava trabalhar mais, estudar mais, porque assim a sociedade me valorizaria mais. Quanto errei Senhor, mas agora o meu tempo passou e já não posso voltar. E como o rico homem chamado Lázaro, que após sua morte passou a habitar num lugar terrível chamado Hades, pediu para avisar aos viventes que algo precisava ser mudado.

Não esperemos por esse momento para reconhecer a brevidade da vida. Peçamos ao Senhor uma alma aquietada, um espírito obediente.

Se, porém, tivermos anos acrescidos como Ezequias, o teremos porque precisamos fazer diferença neste mundo, e como Paulo, quando esteve doente à beira da morte, viveu porque os leitores de suas cartas teriam tristeza sobre tristeza. Quanta diferença fez Paulo!

Quando lemos suas cartas, aprendemos com ele a preocupação com os irmãos e com aqueles que precisavam ser alcançados.

Nós nos acostumamos com as calamidades por que passa o nosso povo. Tornamo-nos insensíveis, achando que não podemos fazer nada, mas esse engano pode ser mudado. Oremos pelos nossos governantes para vermos o nosso município, Estado e país sanado da fome, das drogas, da corrupção. Eu não tinha essa percepção até ser incomodada pelo Espírito de Deus. Comecei timidamente a orar pelos nossos dirigentes, e hoje me surpreendo em lágrimas a clamar por eles, pois são eles que nos representam e levam sobre si o peso da responsabilidade. E por mais que errem, precisamos enxergar o quanto são humanos e quanto padecem tentando acertar. Aprendemos no livro de Tiago que não devemos julgar.

> Irmãos, não faleis mal uns dos outros. Quem fala mal de um irmão e julga a seu irmão fala mal da lei e julga a lei; e, se tu julgas a lei, já não és observador da lei, mas juiz. Há só um Legislador e um Juiz, que pode salvar e destruir. Tu, porém, quem és, que julgas a outrem? (Tg 4.11,12)

Como queremos ver algo novo em nossa nação se não profetizamos a vitória? "De uma mesma boca procede bênção e maldição" (Tg 3.10). Nossas palavras declaram e trazem à existência. O que falamos reflete no nosso fracasso ou sucesso. Lembre-se de que Deus fez o mundo pela palavra. Não podemos bendizer a Deus e Pai, e da mesma forma amaldiçoar os homens feitos à semelhança de Deus. Quanto mais aqueles investidos de autoridade concedida pelo Senhor.

É muito comum sair às ruas e ouvir reclamações sobre os governantes, e muitas vezes o cristão alimenta a conversa pensando estar politizado.

Tive uma experiência em que observei o conceito da população em relação ao prefeito da nossa cidade. Como uma epidemia, falava-se mal. A praxe era maldizer, e nunca bendizer. Se alguém bendissesse era logo tido com um parente ou funcionário municipal beneficiado de alguma forma. O fato é que, mesmo se forem tiranos ou egoístas, o ensinamento bíblico é orar pelos governantes, considerar suas qualidades e contribuir socialmente, atentando sempre no momento das eleições, pedindo a Deus discernimento e orientação para o próprio voto e de toda nação.

As nossas casas legislativas também devem ser alvo de nossas orações, porque somos regidos pelas leis. Há uma passagem no livro de Jeremias que nos remete aos acontecimentos atuais do país.

> Como uma gaiola cheia de pássaros, são as suas casas cheias de engano; por isso, se engrandeceram e enriqueceram. Engordam-se, alisam-se e ultrapassam até os feitos dos malignos; não julgam a causa dos órfãos, para que eles prosperem; nem julgam o direito dos necessitados. Não castigaria eu estas coisas? — diz o Senhor; não se vingaria a minha alma de uma nação como esta? (Jr 5.27-29)

Quando orarmos, lembremo-nos de pedir a conversão dos nossos dirigentes.

Que a luz resplandeça sobre cada um e que não deixem o seu tempo passar. Tempo em que se pode fazer o bem aos órfãos e aos necessitados. Tempo em que se têm oportunidade de estar num congresso, senado ou câmara com consciência de que pode fazer alguma coisa. Mesmo sendo um a pensar os pensamentos de Deus tentando pelo menos mobilizar alguns através do seu comportamento puro. Ah! Isso não passará em branco. Paulo disse: “Eu plantei; Apolo regou; mas Deus deu o crescimento”. “Nós somos cooperadores de Deus” (1 Co 3.6-9). A consciência de que somos cooperadores de Deus nos faz repensar nossas funções.

Um deputado, vereador ou senador pode perguntar-se para que fim foi colocado por Deus naquela posição. Em que área social empenhar-se para que a nação tenha benefício com minha passagem naquela casa? A cada um será cobrado pelo que recebeu.

> A obra de cada um se manifestará; na verdade, o Dia a declarará, porque pelo fogo será descoberta; e o fogo provará qual seja a obra de cada um. Se a obra que alguém edificou nessa parte permanecer, esse receberá galardão. Se a obra de alguém se queimar, sofrerá detrimento; mas o tal será salvo, todavia como pelo fogo. (1 Co 3.13-15)

Não há como fugir do Senhor. O melhor é fazermos nosso papel com perfeição enquanto podemos.

Algumas forças da natureza têm se mostrado pelo mundo afora. São terremotos, maremotos, tsunamis. Quem poderá conter o braço forte do Senhor? O nosso Deus não se deixa escarnecer. “Não castigaria eu estas coisas?” (v. 29). Pedimos ao Senhor que traga à luz todos os erros da nossa nação a fim de nos redimir e nos importar realmente com os nossos irmãos. Adorar somente a Deus que é único para que sejamos poupados de tantas catástrofes.

A Bíblia conta, no Evangelho de Mateus, que os fariseus e saduceus, grupo religioso integrante do Sinédrio (Supremo Tribunal dos antigos judeus), colocaram Jesus à prova pedindo-lhe um sinal do céu, ou seja, um milagre. Jesus disse-lhes: “Hipócritas, sabeis diferençar a face do céu e não conheceis os sinais dos tempos?” (Mt 16.3).

Cada vez mais o homem se prepara para o futuro. Estuda, informa-se e busca explicações para todo movimento contemporâneo. São sociólogos, cientistas, psicólogos, metereologistas, antropólogos, enfim, não há limite para a diversidade de profissões que se empenham em desvendar o mover de Deus, numa tentativa de explicar e buscar meios de proteção para a experiência que estamos vivendo. Multidões são levadas a pensar que tudo é natural e que o seu comportamento diante de tal situação não mudará nada.

É o fermento de que fala Jesus na mesma passagem de Mateus. O fermento dos fariseus que tem levedado toda massa, levando muitos a não dar a devida importância aos sinais.

Mesmo que as tragédias sejam ocasionadas pelo comportamento destruidor dos homens na natureza, isso não anula o testamento do Senhor. Apenas Jesus já era atual na sua passagem pela Terra. Ele fala de sua morte e ressurreição quando se referiu a Jonas, que passou três dias no ventre de um peixe, da mesma forma como Jesus ressuscitaria em glória em três dias.

Não basta esse sinal, ó, humanidade?! Sabemos interpretar quando teremos bom ou mau tempo e não queremos entender que começamos a viver os preparativos para a volta de Jesus?

Conversando com um senhor, adverti-o a respeito desse tempo. Ceticamente ele me disse que desde o seu nascimento ouvira falar que o tempo estava próximo e nunca chegara, por isso não cria. O que esse homem não entendia é que assim como houve condições para o nascimento de Jesus ("Mas, vindo a plenitude dos tempos, Deus enviou seu filho...", Gl 4.4), também haverá condições para sua volta. O conjunto dos fatos implicadores está se revelando notavelmente. Pode ser que esse homem não esteja mais aqui, talvez eu ou você não estejamos, pois não sabemos a hora exata.

> Lembra-te, pois, do que tens recebido e ouvido, e guarda-o, e arrepende-te. E, se não vigiares, virei sobre ti como um ladrão, e não saberás a que hora sobre ti virei. (Ap 3.3)

Vale viver de forma que, estando ou não nesse grande dia, possamos ser aprovados para estar com o Pai.

Nossas nações têm sofrido dores de parto. Há uma busca espiritual feita pelo caminho errado. Tantos amuletos, rituais, complicações, que afastam o povo de um Deus tão simples. O cenário mundial nos traz muitos exemplos, dentre eles, olhemos a África: fome e sede. Peles ressequidas e rachadas pela falta de nutrientes e hidratação da água. Até onde a ONU ou ONGs podem alcançar? O povo africano, europeu, asiático precisa da Água Viva que é Jesus. Quem dela beber não voltará a ter sede.

Quanto podemos ajudar? Já conhecemos a frase que missão se faz indo, orando ou contribuindo. Qual dessas ações escolhemos e incluímos em nosso contexto diário? Qual é o nosso compromisso com as vidas sofridas e enganadas? Cada um de nós pode e deve ser um missionário: indo, orando ou contribuindo.

> Eis que vem com as nuvens, e todo olho o verá, até os mesmos que o traspassaram; e todas as tribos da terra se lamentarão sobre ele. Sim! Amém! Eu sou o Alfa e o Ômega, o Princípio e o Fim, diz o Senhor, que é, e que era, e que há de vir, o Todo-poderoso. (Ap 1.7,8)

Os sinais de que Jesus virá em glória estão acontecendo. Algumas pessoas esperam que venham em maior quantidade esses eventos para certificarem-se de que são realmente os sinais. Outras já estão acostumando-se a notícias quase que diárias e permanecem acomodadas como se tudo fosse normal.

Quando Jesus ia entrar em Jerusalém, vendo a cidade, chorou sobre ela. Disse: "Ah! Se tu conhecesses também, ao menos neste teu dia, o que à tua paz pertence! Mas, agora, isso está encoberto aos teus olhos" (Lc 19.42). As nações, as cidades e as pessoas não descobriram ainda que em Jesus há paz. Jesus olha para Jerusalém cheio de compaixão. Uma dor por uma cidade que não se importava com o tempo da visitação. O Filho de Deus, o próprio Deus, estava naquele lugar e tudo isso estava encoberto aos seus olhos.

Hoje vivemos ainda o tempo da visitação por intermédio do Espírito Santo de Deus. O Deus vivo está conosco todos os dias até a consumação dos séculos. Quantas nações estão com os olhos encobertos para que não experimentem a paz do Senhor Jesus Cristo.

Uma nação se faz de pessoas. Se nós, que reconhecemos a soberania de Deus sobre tudo e todos, nos importarmos com as chagas da terra e em levar o conhecimento àqueles que nos são próximos, estaremos contribuindo para que o caminho estreito seja mais trilhado, e muitas almas serão salvas.

Jesus tem a chave da morte e do inferno (Ap 1.18). Isso significa que Ele tem todo poder. Foi morto, mas agora vive a fim de coroar a todos quantos permanecerem fiéis.

Muitas nações têm padecido pela falta de reconhecimento do Salvador, cada uma de modo peculiar, e os cristãos são alertados sobre as tribulações, mas "sê fiel até a morte e dar-te-ei a coroa da vida" (Ap 2.10). Aleluia!

Oração:

Meu bom Deus, abra os meus olhos para contemplar os teus feitos. Ajuda-me a valorizar o tempo da tua visitação através do seu doce Espírito, quando ainda posso ser livre servindo-te. Aleluia!

6

Capítulo

Esvaziou-se de Preconceitos

E também ouve ao estrangeiro que não for do teu povo Israel, porém vier de terras remotas, por amor do teu nome (porque ouvirão do teu grande nome, e da tua forte mão, e do teu braço estendido), e vier orar a esta casa. Ouve tu nos céus, assento da tua habitação, e faze conforme tudo o que o estrangeiro a ti clamar, a fim de que todos os povos da terra conheçam o teu nome, para te temerem como o teu povo de Israel e para saberem que o teu nome é invocado sobre esta casa que tenho edificado.

— 1 Reis 8.41-43

Sem preconceitos, o rei orou ao Rei dos reis. Aquela casa de oração não estava destinada a um determinado grupo que se veste da mesma forma, que fala a mesma língua ou que pertence a uma mesma camada social. "Ouve ao estrangeiro, Senhor!" Não importava a origem do homem, a maneira como chegava, mas a sua necessidade espiritual. O anseio que trazia em sua alma e a resposta que só o Senhor poderia dar.

A sabedoria concedida pelo Senhor a Salomão, revelou-se plenamente neste seu pedido. Conhecedor do coração do Senhor, ele sabia que não fazia acepção de pessoas. As nações, naquela casa, não seriam antagônicas, mas uma só. Israel, a nação do Senhor, receberia, hospedaria e acolheria cansados e feridos.

Nossas igrejas precisam pensar como Salomão. Embora seja o seu principal motivo de existência, às vezes esquecem-se de que precisam abrir as portas. Em sua Carta aos Romanos 14.1, Paulo diz: "Ora, quanto ao que está enfermo na fé, recebei-o, não em contendas sobre dúvidas". Há tantas vidas necessitando ser firmadas na fé, e quantas vezes a igreja apenas suporta. A igreja são os membros, o pastor, os colaboradores da rotina diária.

Conheci colaboradores que, para sentirem-se importantes, ficavam à vontade para menosprezar a fragilidade humana que buscava refúgio em meio ao povo de Deus. Isso não atingirá aqueles que, de coração, fazem seu trabalho, entretanto é uma realidade que precisa ser estudada com cuidado.

Muitos se mantêm na igreja por questões trabalhistas, levando a missão como um trabalho secular. Como chora o Espírito Santo de Deus ao revelar-me estas coisas! Quando vem a nós o estrangeiro, é possível que antes mesmo de encontrar o pastor, encontre o vigia, o zelador, a secretária, os ministros... As pessoas sempre esperam mais amor delas. Este é um ministério!

Muitos de nós conhecemos a passagem de Jesus pela casa de Maria e Marta. Há diferença no comportamento delas. Maria sentou-se aos pés de Jesus para ouvi-lo, e Marta andava distraída em muitos serviços, solicitando a ajuda de Maria.

O volume de trabalhos burocráticos talvez seja muito. A igreja cresceu e há muitas salas para limpar. A violência é grande e todos que se aproximam à noite podem ser um suspeito em potencial. É preciso esmerar-se no teatro, música, dança, porque já não há adoradores, mas público exigente. A igreja quer se destacar na sociedade, crescer a um custo elevado. Há sobrecarga de esforço humano e o Espírito Santo, aquEle que capacita e mostra a vontade do Pai, permanece do lado de fora da Igreja. Deus quer todas as coisas belas e perfeitas, mas isso vem dEle, não de nós. Ele que é perfeito!

A exemplo de Maria, precisamos sentar aos pés do Senhor. Ouvir o que tem a nos dizer e obedecer-lhe para amá-lo como Ele deseja ser amado, e não da forma como queremos amá-lo. Importarmo-nos com o coração de Deus faz-nos mais comprometidos. Só assim ouviremos, como Igreja, o clamor do estrangeiro.

Há momentos em que o fazer deve ficar em segundo plano na obra do Senhor. Um coração paciente, ardente pelas almas perdidas e feridas, fará milagres. A igreja crescerá sem esforço humano e a glória será dada ao Pai.

No livro de Atos dos Apóstolos capítulo 9, vemos que Pedro abre sua boca e diz que Deus não faz acepção de pessoas, mas que lhe é agradável aquele que, em qualquer nação, o teme e obra o que é justo. Assim nós podemos entender que Deus Jeová é Deus de todas as nações e Ele importa-se com todos. Mesmo nações tidas como místicas, esotéricas, etc.

No mesmo capítulo citado, Pedro foi enviado ao centurião Cornélio da coorte romana e só foi convencido a ir depois de uma visão em que deveria comer animais quadrúpedes e répteis da terra, os quais ele nunca havia comido. E uma voz do alto dizia: "Não faças tu comum ao que Deus purificou" (v. 28). E chegando-se ao centurião, disse que não era lícito a um varão judeu ajuntar-se a estrangeiros, mas Deus lhe mostrara que a nenhum homem chame comum ou imundo.

Parece não haver necessidade de explicitar esta questão aos crentes. Pode-se pensar em ser esta passagem já tão debatida e conhecida entre nós, mas é preciso adequá-la ao nosso dia a dia que quase sempre é tão envolvido com questões pessoais.

Aquele que está ao nosso lado, amargando derrotas, é o estrangeiro. Às vezes é estrangeiro sendo religioso, mas ainda não entendeu que Jesus é o Cordeiro que tira o pecado do mundo e que "Deus ungiu a Jesus de Nazaré com o Espírito Santo e com virtude; o qual andou fazendo o bem e curando a todos oprimidos do diabo, porque Deus era com ele.... Ao qual mataram, pendurando-o num madeiro a este ressuscitou Deus ao terceiro dia... ele é o que por Deus foi constituído juiz dos vivos e dos mortos" (At 10.38-42).

Experimentar contar desta forma quem é Jesus, possibilita libertação ao estrangeiro, pois vemos que Pedro experimentou e ainda quando falava, o Espírito Santo se derramou também sobre os gentios. Glória a Deus! Então falavam em línguas e magnificavam a Deus.

Não podemos viver um evangelho egoísta. No mundo atual, as atividades são tantas que não há tempo para importar-se, mas o autêntico cristão é aquele que se dispõe. O Senhor requer disposição, pois Ele capacita e coloca as palavras na nossa boca.

Quando Saulo perseguia os discípulos do Senhor, a caminho de Damasco, foi impactado por Ele. Converteu-se e ficou três dias sem ver e este foi o tempo que Deus o fez mergulhar em si mesmo. Olhar para o alto é descobrir que existe algo além dos interesses terrenos. O nosso espírito precisa estar em unidade com o Espírito do Senhor. A Palavra de Deus fala que nesses dias, Saulo orou. Orar é uma entrega ao Senhor. É confiar que é o nosso Pai que pode mudar tudo. E então, realmente foi transformado.

Ao ser visitado por Ananias tornou a ver, caindo-lhes as escamas, ou seja, tudo o que antes lhe impedia de ver a glória de Deus. E mais, ficou cheio do Espírito Santo, que o capacitou com ousadia para pregar o evangelho.

Ser um verdadeiro cristão requer desejo e compromisso. Algumas vezes, requer padecer por amor de Deus, pois Ele mesmo disse a Ananias ao enviá-lo a Saulo, que lhe mostraria o quanto deveria padecer pelo seu nome.

Correr disso não é uma atitude sábia, pelo contrário, precisamos ser conscientes do que Deus tem feito em nossas vidas e para que tem nos chamado.

> O Espírito do Senhor Jeová está sobre mim, porque o Senhor me ungiu para pregar boas-novas aos mansos; enviou-me a restaurar os contritos de coração, a proclamar liberdade aos cativos e a abertura de prisão aos presos; a apregoar o ano aceitável do Senhor e o dia da vingança do nosso Deus; a consolar todos os tristes; a ordenar acerca dos tristes de Sião que se lhes dê ornamento por cinza, óleo de gozo por tristeza, veste de louvor por espírito angustiado, a fim de que se chamem árvores de justiça, plantação do Senhor, para que ele seja glorificado. (Is 61.1-3)

Aleluia! A todos quanto foram transformados em Jesus devem procurar ser bálsamo aos que sofrem e que são rejeitados assim como Jesus foi, apregoando o ano aceitável do Senhor e ensinado-os a aguardar sua vinda. Jesus veio para os seus, mas os seus o rejeitaram. Ele começou o seu ministério na Galileia que era uma região desprezada pelos judeus. Lugar onde Deus ordenara ser cidades de refúgio.

Nas cidades de refúgio entravam as pessoas que, sem intento, cometiam homicídio. O Senhor deu exemplo em Deuteronômio 19.5 no caso de dois se encontrarem no bosque a fim de cortar lenha e pondo força, o ferro do machado se solta e ferir de morte seu próximo.

Este poderia ir a estas cidades e, sendo ouvido e julgado que o ocorrido foi acidental, entraria pelos portões protegendo-se da ira dos vingadores. Foi por ali que Jesus começou a implantar o Reino dos céus. Aleluia!

Todos nós conhecemos o desprezo de alguns para com aqueles que pelos mais variados motivos e circunstâncias são excluídos da sociedade. Ouvimos frases como: ele tem que morrer pelo que fez; queremos a pena de morte ou ainda, fez tem que pagar. É uma sociedade que age com vingança e se diz civilizada e, até mesmo, cristã.

Alguns anos atrás, tivemos o referendo sobre o desarmamento. Surpreendi-me com a opinião de alguns pastores expressa nos jornais. Disseram *não* ao desarmamento e levaram muitos para esse entendimento com a posição que ocupam. Incentivaram o olho por olho, dente por dente. Será que esses homens têm lido a Bíblia por inteiro? Será que realmente conhecem a Jesus?

Quando os soldados vieram buscar Jesus para prendê-lo, uns do que estava com Ele puxou a espada e feriu o servo do sumo sacerdote cortando-lhe a orelha. "Então Jesus disse-lhe: Mete no seu lugar a tua espada; porque todos os que lançarem mão da espada à espada morrerão" (Mt 26.52).

De nós, Deus espera coisas melhores. Compaixão e misericórdia por aqueles, que, assim como nós, um dia provamos dessa misericórdia, terão seus olhos desvendados para enxergar qual é o melhor comportamento para expressar o amor ao próximo sem olhar sua aparência, atitudes, cor ou posição social.

Acho muito interessante a forma como Tiago trata a respeito da acepção de pessoas. O seu título diz: condena-se o fazer acepção de pessoas. Ele toca no poder aquisitivo; oferecendo ao rico um lugar de honra e ao pobre o estrado, e pergunta: "Porventura, não escolheu Deus aos pobres deste mundo para serem ricos na fé e herdeiros do Reino que prometeu aos que o amam?" (Tg 2.5). E continua numa pergunta que desperta a consciência: "Porventura, não vos oprimem os ricos, e não vos arrastam aos tribunais?" (v. 6). E agora se pode perguntar: "Em que sou oprimido pelos ricos?" Quando detêm os transportes e vias de acesso e cobram além do devido. Quando fazem campanhas publicitárias indutivas e conservam-se no poder fazendo leis em benefício próprio.

Mas mesmo assim o Senhor não faz acepção de pessoas; estes também podem ser bem-vindos ao Reino dos céus se houver arrependimento e mudança de atitude. O que falamos, pregamos e ensinamos, assim devemos proceder.

> Porque o juízo será sem misericórdia sobre aquele que não fez misericórdia; e a misericórdia triunfa do juízo. (Tg 2.13)

Oração:

Senhor, aquilo que é mais oculto, traga à tona do meu coração. Que eu, a seu exemplo, ame sem distinção.

7
Capítulo
Reconheceu as Lutas

Quando o teu povo sair à guerra contra o seu inimigo, pelo caminho por que os enviares, e orarem ao Senhor, para a banda desta cidade que tu elegeste e desta casa que edifiquei ao teu nome, ouve, então, nos céus a sua oração e a sua súplica e faze-lhes justiça.

— 1 Reis 8.44,45

Salomão, em sua oração, não se esquece das lutas e pelejas. Embora se prefira a paz, algumas vezes é preciso sair para guerrear, considerando sempre que a nossa luta não é contra carne ou sangue, mas contra o Inimigo das nossas almas que anda ao derredor procurando a quem possa tragar.

Devemos ter a consciência de que todo o mundo material é movido pelo espiritual. Deus formou a Terra e tudo o que nela há a partir da sua Palavra. Se este mundo jaz no Maligno, é mister que nos armemos espiritualmente por meio da oração e do jejum.

Lembro-me do povo de Israel que foi libertado da escravidão no Egito e partiu rumo à Terra Prometida pelo Senhor: Canaã. Esse trajeto poderia ter sido curto se o povo não murmurasse, não reclamasse contra o Senhor. Às vezes diziam que preferiam ser escravos no Egito. Foram ingratos e andaram por mais de quarenta anos no deserto. Mesmo assim, o Senhor não os desamparou. Suas roupas não envelheciam e a comida era mandada do céu, o maná.

O povo passou por dias difíceis, de lutas, mas a providência do Senhor os sustentava. Hoje também passamos por momentos difíceis. Parecemos estar num deserto. O caminho é estreito e as murmurações não têm fim. Não temos paciência de esperar o outro dia em que o maná virá. Como o povo de Israel, queremos ter reservas, porque a confiança no Senhor anda pequena.

Esperar é sinônimo de esperança, e esperança é fé em um Deus que deseja muito nos abençoar. A impaciência tem atrapalhado a vida espiritual e material de tantas pessoas. Falta fé! Mesmo assim o Senhor tem cuidado de nós quando estamos no seu átrio, e com louvor, oração e leitura da Palavra nos regozijamos, encontrando forças para caminhar.

As lutas, as dores e as perdas indicam o nosso deserto. Temos sido provados nesse caminho estreito. É um caminho de vencedores que quando caem não desistem. Encontram a mão forte do Senhor para reerguerem-se.

Assim como o apóstolo Paulo, precisamos olhar para o alvo, o alvo é Jesus Cristo, filho de Davi. Fecho os olhos e vejo onde estamos e contemplo adiante uma luz. É a cruz! É Jesus acenando, sinalizando o caminho perfeito. Estamos alcançando o nosso objetivo: conhecer a face adorada do nosso Deus. Se alguns se cansam, perdem o ânimo ou vigor no caminho da luta, é preciso reanimá-los. Em Isaías 40.28-30 o Senhor revela-se incansável. E como filhos, bebemos da sua fonte. “Dá vigor ao cansado e multiplica as forças ao que não tem nenhum vigor. Os jovens se cansarão e se fatigarão, e os jovens certamente cairão” (vv. 29,30). Esta é a certeza de que só um Deus forte como o nosso pode prometer. As lutas são muitas, mas o Senhor nos cerca em volta, e põe sobre nós a sua mão. Quanto carinho e proteção do Senhor! Podemos nos sentir aconchegados e saber que nada pode nos abalar e maltratar.

Se o corpo adoece e parece que tudo terminou, saiba que é apenas o começo de um novo tempo. A graça do Senhor neste momento basta, porque o poder dEle se aperfeiçoa na fraqueza. Quando estamos fracos, então estamos fortes. Paulo dizia assim porque na sua debilidade física, cuidava mais da espiritualidade. E deixando o Espírito Santo de Deus fluir, Ele nos ajudará intercedendo por nós com gemidos inexprimíveis.

> Porque estou certo de que nem a morte, nem a vida, nem os anjos, nem os principados, nem as potestades, nem o presente, nem o porvir, nem a altura, nem a profundidade, nem alguma outra criatura nos poderá separar do amor de Deus, que está em Cristo Jesus, nosso Senhor! (Rm 8.38,39)

Note que a morte, temida porque nos separa dos entes queridos, não tem efeito contrário para com o nosso relacionamento com Deus, pois para Ele e por Ele fomos criados.

Quando nos sentimos ameaçados pelas intempéries da vida, precisamos confiar que o Senhor nos cerca em volta. Todo homem ao adquirir uma propriedade, construir uma família, comprar um carro, quer fazer um seguro. Constrói um muro, faz guarita, contrata seguranças a fim de proteger os seus entes ou os seus bens, mas a Palavra diz:

> Se o Senhor não edificar a casa, em vão trabalham os que edificam; se o Senhor não guardar a cidade, em vão vigia a sentinela. (Sl 127.1)

O Senhor é quem guarda! Todo o esforço humano poderá ser inútil se do Senhor não esperar proteção. Muitas cidades têm sido atacadas pelas forças malignas. Já não há lugar tido como seguro. Seja em ambiente fechado, seja aberto. Precisamos seguir o curso da vida e neste mundo estamos inclusos. A grande diferença da segurança se fará para aqueles que de Deus recebem autoridade para repreender e repelir todo ato contrário ou seta maligna. Para tanto, o cristão prepara-se dia após dia. Não está distraído. Anda atento e em santidade.

> E Deus, pelas mãos de Paulo, fazia maravilhas extraordinárias, de sorte que até os lenços e aventais se levavam do seu corpo aos enfermos, e as enfermidades fugiam deles, e os espíritos malignos saíam. E alguns dos exorcistas judeus, ambulantes, tentavam invocar o nome do Senhor Jesus sobre os que tinham espíritos malignos, dizendo: Esconjuro-vos por Jesus, a quem Paulo prega. Os que faziam isto eram sete filhos de Ceva, judeu, principal dos sacerdotes. Respondendo, porém, o espírito maligno, disse: Conheço a Jesus e bem sei quem é Paulo; mas vós, quem sois? (At 19.11-15)

Não basta usar o nome de Jesus como um amuleto. Muitos têm procedido desta forma e nada muda ao seu redor. Proclamar o nome de Jesus e experimentar respirar um ar brando requer transformação interior. Se temos paz com o Senhor, ou se nos sentimos obedientes a Ele, temos a certeza da segurança. Onde colocarmos nossos pés, ali também será abençoado e seguro.

Aquele que faz a vontade do Pai não teme o que possa fazer o homem com o corpo, ou com os bens, mas antes disso preocupa-se com o espírito que passará para a eternidade. Um espírito forte, unido ao Senhor, tem coragem para lutar. Não tem medo de retaliações ou acusações do Inimigo das nossas almas. Confirma, afirma e reafirma que Jesus Cristo é o Senhor e contra Ele não há pelejas.

Às vezes me vejo ao pé da cruz. Jesus cumprindo a Palavra para nos dar vitória. E eu abraçada ao madeiro. Aleluia! É ali que me derramo e recebo de Cristo a paz que quero. Segura estou aos pés da cruz. Aquieto-me e sei que o Senhor é Deus.

Muitas são as acusações. O Inimigo tem usado pessoas até mesmo da própria família, da igreja. Ouvi um missionário dizer que os irmãos que oraram para que fosse retirado do mundo de perdição agora são os que querem vê-lo destruído porque se esmerou ao ponto de Deus usá-lo com autoridade. O nosso amor pela família, pelos irmãos da igreja vai acabar? De forma alguma. São alvos de nossas orações.

Quando somos machucados por aqueles a quem amamos, temos o coração dilacerado, mas não amargurado. Com a plena convicção da verdade revelada na cruz do Calvário, nos prostramos e pedimos ao Senhor a libertação para cada um deles como um dia em que andávamos como cegos e fomos libertos.

Reconhecer as lutas não é apenas ver-se nos problemas, mas ter maturidade espiritual para entender que todas as coisas contribuem para o nosso crescimento. É também ser prudente, analisando os dados segundo os olhos de Deus para então agir com sabedoria.

Isaías 52.13 descreve Jesus: "Eis que o meu servo operará com prudência..." Jesus é o nosso exemplo também para o nosso comportamento diante das adversidades. O resultado de o nosso Senhor Jesus ter agido com prudência é que Ele foi "engrandecido, e elevado, e mui sublime" (v. 13). Jesus não fugiu, embora a dor fosse sem medida.

O versículo 14 diz: "Como pasmaram muitos à vista dele (pois o seu aspecto estava mui desfigurado". Quanto o nosso Senhor padeceria! Não menos que a fome, que a nudez do nosso país. Não menos que a doença, que a ofensa, que a morte; mas tudo isso de uma só vez. De uma só vez Jesus ofereceu-se em sacrifício por todos nós para que apenas o reconhecêssemos como Deus para que as nossas lutas não fossem mais nossas.

Meu esposo e eu pisamos em um terreno invadido pelo mal para evangelizar. Estivemos numa ilha recomendada pela beleza, pequena, mas bastante habitada em um dos nossos Estados. Um lugar onde a ociosidade é aparente nos muitos homens sentados à sua entrada e a idolatria retratada numa espécie de igrejinha antiga que abriga em seu interior duas enormes imagens. Uma toda vermelha e outra com matizes negras denotando mistura de credos. Porta larga e bem aberta para serem vistos de longe o poder que ali quer operar.

Distribuímos folhetos que levam a palavra de salvação, conversamos apenas com uma única pessoa que relatou estar desviado da presença de Deus e a encorajamos a voltar...

O peso da opressão espiritual era muito grande. O cheiro exalado das vielas de chão cobertas de areia era desmotivador para que permanecêssemos. Por ter sido uma viagem longa e cansativa, pernoitamos ali. A noite foi de sono interrompido. Dormia e acordava. Enquanto dormia, descansava realmente, e quando acordava vigiava em oração. No descanso, o Senhor velava e na oração clamava por aquele lugar.

Sentimos um desejo de sair logo dali, mas não antes de cumprir a missão. Tinha uma breve noção de que quando o servo destemido e preparado em oração parte para ação, as trevas se perturbam. Todavia, só pude ver a intensidade quando o Senhor me revelou. Existe uma hierarquia das trevas em que alguns seres são subjugados a Satanás. Estes correm de um lado para o outro buscando a quem possam tragar, e o fazem; a menos que se tenha ordem de não fazê-lo pelo seu superior. E por que o Inimigo das almas não os deixaria fazer? Porque ele tem ordem muito maior que a sua para não tocar nos ungidos. É a ordem que vem do trono de Deus, aquEle que é dono de toda a terra e tudo que nela há.

Jó, homem temente a Deus, só fora experimentado pelas muitas lutas por uma autorização do Senhor. Reconheceu estar vivendo tormentas terríveis como perder todo gado, empregados, ovelhas, camelos e a sua família, mas não pecou, nem atribuiu a Deus falta alguma. "E disse: Nu saí do ventre de minha mãe, e nu tornarei para lá; o Senhor o deu e o Senhor o tomou; bendito seja o nome do Senhor" (Jó 1.21). Embora Jó tivesse a consciência de que o que lhe acontecia era tão somente permissão de Deus, ele ainda o glorificava. Somente os filhos obedientes podem ter essa convicção de que todas as coisas que lhes sucedem, boas ou aparentemente tristes, vêm da permissão do Senhor. Porque se não são obedientes, não estão sob autoridade de Deus, antes agem com rebeldia e não podem estar na posição designada, estando, portanto, distante de toda responsabilidade do Senhor.

Quando Deus permite a prova, Ele sabe até onde ir, quando passará, e a vitória que dará. Este é o grande segredo daqueles que confiam no Senhor.

Passam a prova cantando porque veem a mão poderosa de Deus e debaixo de suas asas podem descansar e apenas esperar.

Uma semente lançada ao solo adormece e espera até renascer forte o suficiente para crescer e produzir seus frutos. As boas coisas são sempre alegria que pouco ensinam; as lutas, portanto, são necessárias para edificação e fortalecimento da nossa vida com Deus.

O apóstolo Paulo fala que lhe foi dado um espinho na carne, e orou para que o Senhor o desviasse dele. Mesmo que esse espinho o machucasse e ele pedisse ao Senhor o livramento, entendia que o objetivo desse incômodo era para que não se exaltasse pelas excelências das revelações. Quando tudo vai muito bem, a tendência do homem é desvencilhar-se de Deus e buscar glória para si. Não sou eu quem digo, mas o apóstolo Paulo. Deus responde a Paulo: "A minha graça te basta, porque o meu poder se aperfeiçoa na fraqueza" (2 Co.12.9). Por que pensar que sem as lutas seremos mais felizes uma vez que Deus diz: "A minha graça te basta"?

A maior tristeza não são as intempéries da vida, mas a falta do Espírito de Deus dentro de nós. É o pecado que nos afasta de Deus e nos deixa inseguros. Se temos essa presença somos conformados e temos paz.

Com lutas ou sem lutas, a graça nos basta. Vivemos pela graça! Tudo que temos e o que somos advém da graça. Os dias ensolarados ou chuvosos na nossa vida vêm do Senhor. E é por isso que em tudo devemos dar graça. Agradecer o fôlego de vida e tudo quanto faz a nossa história.

Não teremos cargas que não podemos suportar. Por que temer?

> Vinde a mim, todos os que estais cansados e oprimidos, e eu vos aliviarei. Tomai sobre vós o meu jugo, e aprendei de mim, que sou manso e humilde de coração, e encontrareis descanso para a vossa alma. Porque o meu jugo é suave, e o meu fardo é leve. (Mt 11.28-30)

Nenhum homem de Deus teve vida fácil, nem mesmo Jesus, portanto a certeza de que não importa o que acontecer, Deus tem o melhor. Ele nos coloca em posição de descanso.

Acontecem coisas em nossas vidas que não compreendemos porque não conhecemos os propósitos e porque levamos a vida secular mais a sério do que a vida espiritual, e por isso tendemos a supervalorizar os momentos pelos quais passamos. Falo de lutas e de dores. Agimos como se tudo tivesse acabado. O que nós precisamos entender é que tudo o que vivemos neste tempo presente não é o fim de tudo que devemos esperar, mas o meio de alcançá-lo.

> As coisas que o olho não viu, e o ouvido não ouviu, e não subiram ao coração do homem, são as que Deus preparou para os que amam. (1 Co 2.9)

Deus fala por intermédio de Paulo que existem muito mais coisas para seus filhos. Não são as lutas que vão desviar a nossa atenção do alvo porque, pelo Espírito, Deus nos revela, "porque o Espírito penetra todas as coisas, ainda as profundezas de Deus" (1 Co 2.10) e então podemos entender os propósitos das lutas nos levando à nossa verdadeira pátria.

Temos um conceito de nós mesmos que pode estar errado se o que fazemos ou pensamos gira em torno do corpo carnal. Quando pessoas morrem, por exemplo, num acidente trágico de repercussão, o repórter refere-se às pessoas mortas como "corpo". Os agentes funerários dizem o mesmo. Os familiares parecem estranhar, acham até insensibilidade porque aquele era um ente querido, com um nome, com uma história de amor e companheirismo. É real que isso maltrate, mas é físico, temporário.

Há alguns anos, após serem alertados do perigo de desabamento, famílias viram seus apartamentos desabarem, e todos os seus pertences e referências de vida soterrados por uma montanha de cascalhos e pó. Houve muito choro e sofrimento. Todos nós nos compadecemos e choramos sua dor, mas o que eles construíram lá dentro como família e como lar não pôde ser destruído. As paredes delimitavam um espaço onde o relacionamento familiar e sua própria pessoa era construída. A casa foi levada, virou pó, mas a família enraizada e fundamentada permanece a mesma, com as consequências difíceis daquele episódio. Assim somos nós. Seres espirituais que habitam num frágil corpo a fim de cumprir um único propósito: servir.

Oração:

Querido Deus, a cruz onde teu filho Jesus morreu por mim é meu referencial. Quero seguir-te! Com teu espírito sustenta-me nas lutas diárias para alcançar o meu propósito final de estar ao teu lado. Amém.

8

Capítulo

Tomou Posição de Humildade

> Sucedeu, pois, que, acabando Salomão de fazer ao Senhor esta oração e esta súplica, estando de joelhos e com as mãos estendidas para os céus, se levantou de diante do altar do Senhor.
>
> — 1 Reis 8.54

Vemos aqui a figura descrita de Salomão durante sua oração, de joelhos em posição de humildade, com as mãos estendidas para os céus numa atitude devocional de enviar ao Senhor a petição que estava em seu ser.

Aprendemos com isso que diante ao Senhor precisamos diminuir para que a glória dEle seja manifestada. Hoje, possivelmente, ao entregar um templo novo, a oração seria do pastor, servo de quem se espera atitudes humildes para fazer a conexão dos órgãos impulsionando o funcionamento perfeito do corpo.

Em Ezequiel 34 vemos algumas atribuições dos pastores: apascentar, fortalecer, buscar e proteger. A tendência humana é vê-lo como ícone, e por vezes esta é a imagem que faz de si mesmo avocando o peso que não pode suportar. Ele ora para que a igreja cresça, mas quer concentrar toda movimentação do Espírito em si próprio. O pastor é indiscutivelmente um líder, agente viabilizador do bom andamento da igreja. Administra dons, talentos e outros tesouros que os membros trazem consigo. Instituído por Deus, entende que traz suas próprias aptidões e não pode deter todas as outras impedindo o crescimento espiritual do corpo.

Presenciei um momento em que o pastor pediu uma ovelha para que cuidasse da própria vida, pois a igreja era responsabilidade dele. Agindo assim, a igreja deixa de ser um corpo para ser do pastor. A posição de liderança requer humildade para aceitar opiniões, sugestões e ouvir a voz do Espírito que fala através de quem o Senhor eleger.

De outra forma, os membros passam a entristecer-se por não poder contribuir com o seu chamado e sentem-se desmotivados. Continuam na igreja servindo ao pastor, e não ao Senhor. É uma tristeza! Vidas incompletas e convencidas de que devem permanecer no seu canto. Só podendo se manifestar quando solicitado e passar pelo crivo do pastor sobre o que há de falar ou até mesmo ser desmotivado publicamente quando numa explosão do Espírito impactar vidas.

Sabemos que o pastor deve ser sempre cuidadoso e cauteloso, observar os frutos produzidos e entender que onde há Espírito, há liberdade. Liberdade decente e ordeira. Este é o papel do servo do Senhor: ordenar, zelar e conduzir.

> Vós, pois, ó ovelhas minhas, ovelhas do meu pasto; homens sois, mas eu sou o vosso Deus, diz o Senhor Jeová. (Ez 34.31)

Só Deus pode todas as coisas. Como calar aqueles a quem o Senhor decidiu falar por eles?

Quando o pastor entende o valor de todas as ovelhas para Deus, ele, de forma humilde, apascenta, fortalece, busca e protege. Nunca vai irar-se porque uma ovelha se foi; ao contrário, busca-a em amor, e se não quiser voltar, jamais amaldiçoará em seu coração, mas lembrar-se-á dela com ternura invocando ao Senhor pela sua transformação.

Quantas ovelhas têm se desgarrado pela falta de humildade! Que dor saber que tesouros valiosos são canalizados para o mundo porque a igreja não soube amar. Quanta dor!

Muitas vezes querem igrejas cheias e grandes para provar competência, mas à custa de omissão nos comportamentos permissivos.

> Ai dos pastores de Israel que se apascentam a si mesmos... A fraca não fortalecestes, e a doente não curastes, e a quebrada não ligastes, e a desgarrada não tornastes a trazer, e a perdida não buscastes; mas dominais sobre elas com rigor e dureza. (Ez. 34.4)

Ah, Senhor, quanta dor! Precisamos da tua humildade! Abra-nos os olhos para ver o que tem acontecido nas igrejas ao nosso redor!

A humildade vem do meu trono, diz o Senhor. Uma vida de joelhos diante do Senhor trará humildade, pois do trono flui o amor que nos ensina a dar espaço, dar um lugar ao sol ao nosso irmão sem competição, sem medo de perder o nosso lugar. Quando compreendermos que o Reino celestial é mais importante e nos voltarmos para as coisas do alto, muita coisa muda também na nossa vida secular.

Uma maravilhosa história encontra-se na Bíblia. Está no livro de Neemias. Ele fazia parte do povo de Deus, mas encontrava-se em Susã sendo copeiro do rei. Ocupava uma posição boa e confortável, e vindo a ele Hanani, um de seus irmãos e alguns de Judá, informou-lhe que alguns judeus que restaram do cativeiro, pois Jerusalém havia sido invadida, estavam em grande miséria e desprezo e os seus muros fendidos, e as suas portas queimadas. Ouvindo isso, Neemias chorou e lamentou por alguns dias. Entristeceu-se sobremaneira. Importou-se tanto que se humilhou diante do Pai em busca de perdão para os filhos de Israel. Disse: "E faço confissão pelos pecados dos filhos de Israel, que pecamos contra ti; também eu e a casa de meu pai pecamos" (Ne 1.6).

Vemos Neemias movido a clamar pelo povo de Israel chorando e suplicando a Deus o perdão. Ele tomou a posição de humildade não só para seu próprio benefício, mas em prol de toda Jerusalém. Por nós mesmos não podemos compreender, mas o Espírito Santo nos faz ter um sentimento novo. Precisamos orar pelos perdidos. Perdido é alguém que está com os olhos vendados e sem direção. Comete atos próprios de quem não enxerga ou não quer enxergar. Esbarra, cai, confronta e machuca-se. Sofre terríveis dores e mesmo assim continua vivendo sua vida de forma miserável. Contraria toda regra da moralidade e prefere seguir a massa sem ao menos ser racional. Não contempla a saída e segue como uma boiada indo ao matadouro seguindo conselhos levianos e a moda ditada pelo mundo. Shows, boates, bares são alguns dos exemplos.

Entendendo que a alma perdida carece de nossas orações, fui movida pelo Espírito a orar pedindo perdão por ela. Compreendi que essa alma não tinha consciência do seu estado. Não por falta de alerta, mas porque o Senhor estava sendo longânimo, empregando tempo para o seu tratamento e real conversão. Jesus morreu por esse motivo. Ainda não vendo transformação nos homens, pediu perdão por eles, e sabemos que depois do seu ato muitos foram e são atraídos a Ele para o arrependimento e uma nova vida.

Neemias agiu. Pediu ao Rei que o enviasse a Judá; à cidade dos sepulcros de seus pais, para edificá-la e o rei deu-lhe cartas para os governadores dalém do rio para que dessem passagem até chegar a Judá. Chegando a Jerusalém, Neemias encontrou resistência de alguns, mas ele manteve-se no seu propósito e lhes respondeu: "O Deus dos céus é o que nos fará prosperar; e nós, seus servos, nos levantaremos e edificaremos" (Ne 2.20).

Mesmo diante das adversidades Neemias manteve-se firme porque sabia que a força vinha do Senhor. Ele se coloca na posição humilde de servo e se propôs a levantar e edificar o muro, mas pedia: "Agora, pois, ó Deus, esforça as minhas mãos" (Ne 6.20). Toda a sua confiança em concluir aquele trabalho estava em Deus. Se temos projetos lícitos para nossa própria vida ou para a obra do Senhor, devemos seguir o exemplo de Neemias. Devemos nos quebrantar diante do Pai, levantar para o trabalho, nos colocar como canal do agir de Deus e nunca nos orgulhar por haver conseguido, mas louvar ao Senhor porque dEle vem a força de toda realização.

Neemias poderia ter desistido mediante ameaças e tentativas de fazê-lo perder de vista seu objetivo, mas no seu coração havia um propósito muito firme: reconstruir o muro de Jerusalém e isso significava muito mais que uma proteção de fronteira, delimitava um campo para fortalecimento de um povo através das Escrituras, então esquecidas, para depois então difundir ao mundo e nos alcançar.

Neemias reconstruiu a história e a lembrança do seu povo. Através de Esdras, o livro da lei de Moisés que o Senhor tinha ordenado a Israel foi lido na praça e todo o povo chorou. Foram levados ao arrependimento e confissão de pecados, relacionaram os habitantes e Neemias removeu os diversos abusos.

Um coração quebrantado e humilde levou Neemias a reconstruir uma história. Não foi uma história comum, foi a providência que o Senhor tomou para não deixar perdido o seu povo. Um homem se colocou como servo e deixou Deus fazer. Não desistiu frente aos obstáculos, não ficou se perguntando se era isso mesmo que o Senhor queria dele. Ele creu que Deus estava operando através de suas mãos e levou ao fim o seu trabalho restaurando um povo. Aleluia!

Três dias foi o tempo de Saulo, perseguidor de cristãos, transformar-se em um pregador inestimável. Foi impactado pela luz do Senhor e ficou cego por três dias até resplandecer entre os ímpios.

Três dias também Jonas ficou no ventre de um peixe quando foi lançado ao mar pela tripulação de um navio onde ele procurava esconder-se de Deus até se colocar na cidade de Ninívе e cumprir o seu chamado.

Esses homens precisavam de um tempo para dobrarem-se diante do Senhor. Penso ter sido uma eternidade esses três dias diante de tais circunstâncias. Algumas pessoas debatem-se com Deus não apenas três dias, mas meses ou anos. Buscam outros caminhos que não são os de Deus e então sofrem, não há certezas. Insistem em planos que muitas vezes sabem que são abomináveis aos olhos do Senhor e colhem frutos maus. Disseminam erros mediante uma postura implacável para tornar realidade os seus sonhos ilícitos. Querem adaptar Deus ao seu próprio modo de vida. Estudam a Palavra com o anseio de adequá-la ao seu estilo. É uma luta equivocada que tenta confrontar o Todo-Poderoso com seus próprios propósitos. É uma postura orgulhosa. Decidem não dar o passo atrás e continuam avançando até não suportar mais.

Deus não precisa de tempo para operar em nosso meio. Ele é o Dono de todas as coisas. Nós é que precisamos nos render aos seus pés de forma humilde e com entendimento pedirmos para ser transformados o quanto antes. É mais sábio e sofreremos menos.

Saulo e Jonas sofreram por três dias, e nós podemos optar por quanto tempo resistiremos ao Senhor que nos chama. Nós mesmos abrimos ou fechamos a porta da bênção. O que determina o tempo do tratamento de Deus em nossa vida para que estejamos preparados para recebê-la depende da nossa atitude humilde.

Quem se cansa e desiste antes de ser agraciado é porque não se abriu totalmente ao tratamento. Quando damos lugar para Deus agir, assim Ele fará; do contrário, as nossas atitudes farão o Espírito Santo recuar, pois temos livre-arbítrio.

> Bem-aventurados os pobres de espírito, porque deles é o Reino dos céus.
> (Mt 5.3)

Os herdeiros do Reino dos céus não são cheios de si, não se acham os donos da verdade em hipótese alguma, mesmo que as evidências sejam favoráveis a esse comportamento. Antes observa todas as direções e pede a Deus que o encha da sua sabedoria.

Lancei mão de um livro de teologia objetivando abrir os meus horizontes. Nas páginas iniciais, os colaboradores: PHD, M. Div., MATS,

D. Min., catedráticos, etc. O povo de Deus tem estudado, tem se especializado. Pensei: Isso é bom!

Na sequência comecei a observar as várias visões e possibilidades para explicar: Deus, Jesus e Espírito Santo. Um caminho de cientificismo para explicar a Palavra de Deus. E cientificismo é confiança na capacidade ilimitada de as ciências resolverem todas as questões e problemas que se põem ao homem. Perguntei a mim mesma: A quem queremos agradar? Por que nos justificar para sociedade com tantos títulos? Nosso Deus pode ser entendido por pessoas que não tiveram oportunidade de serem alfabetizadas.

Numa reportagem, escutei uma mulher dizer que o seu trabalho estava sendo reconhecido no mundo da moda. As marcas mais renomadas de roupas a solicitavam, e ela disse que não podia imaginar que isso pudesse lhe acontecer porque era "analfabeta".

Sabe o que é isso? É a graça que desce sobre nossas vidas. Convence-nos do pecado, nos salva, nos liberta e nos faz prosperar. Não é errado estudar, mas precisamos ter cuidado de não nos tornarmos fariseus. Estudiosos, mas não praticantes. Importantes para os altos escalões dos diversos segmentos da sociedade, mas longe de propósitos do Senhor.

Um homem culto que busca verdadeiramente o sentido da vida em Deus vai reconhecê-lo através de vidas humildes e dedicadas ao Senhor em obediência e santificação, estudadas ou não, mas que não precisem justificar Deus. Simplesmente Deus é.

> Aquele, porém, que se gloria, glorie-se no Senhor. Porque não é aprovado quem a si mesmo se louva, mas sim aquele a quem o Senhor louva.
> (2 Co 10.17)

Quando levar visitantes à igreja, ganhar algumas vidas para Jesus, não se glorie; espere e glorie-se no Senhor. A intenção do coração faz toda a diferença.

Não sucumba às campanhas atuais de ser elogiado a ponto de sentir-se merecedor de um troféu ao encaminhar uma pessoa à igreja. Isso é meta de líderes afoitos por conquistar poder. Trabalhe no silêncio!

Quando Samuel foi à casa de Jessé, a fim de reconhecer o rei que sucederia a Saul, esteve de frente com um de seus filhos, Eliabe, e pensou que era este o escolhido, mas o Senhor disse a Samuel que não atentasse para a aparência nem a altura, porque o homem vê o que está diante dos olhos, mas o Senhor olha o coração. E assim Davi foi escolhido, apascentador de ovelhas. O menor. E diz a Palavra que após Samuel ungi-lo, o Espírito do Senhor se apoderou dele.

Para que o Espírito do Senhor habite em alguém, é preciso haver espaço. É preciso renunciar o eu e os próprios desejos para que o Senhor aja através de nossas vidas. Davi era humilde, e o Senhor contemplou o seu coração.

Dentre os filisteus que guerreavam com o povo de Deus, havia um chamado Golias, um homem de estatura sobrenatural, um gigante. Pelo fato de Davi ferir de morte um leão e um urso que se aproximavam do rebanho que cuidava, ele certamente poderia lutar contra aquele que afrontava o exército do Deus vivo. Ao ver Davi, Golias o desprezou por ser jovem ruivo e de gentil aspecto.

A vida traz muitos Golias para enfrentarmos. Muitos deles nos desprezam pela fragilidade expressada na aparência, mas se o homem tem consciência do Deus a quem serve, não reluta, segue em frente e luta. Davi disse uma frase que deve ser guardada em nosso coração:

> Tu vens a mim com espada, e com lança, e com escudo; porém eu vou a ti em nome do Senhor dos Exércitos... (1 Sm 17.45)

Ele não poderia confiar em si próprio diante dos seus atributos comparado ao gigante, mas nem por isso recuou. Deu espaço para que o Senhor o capacitasse a lutar e vencer. Então os homens de Judá e Israel se levantaram e jubilaram, e seguiram os filisteus até voltarem vitoriosos.

Uma vida humilde pode trazer alegria a todos quantos a cercam. Enquanto todos da casa de Jessé encontravam-se na companhia do profeta Samuel, Davi estava pastoreando ovelhas. Estava no campo servindo ao seu pai. Deus chamou aquele que servia despretensiosamente. Davi servia, e o Senhor o honrou. Foi um homem segundo o coração de Deus. Simples como o Pai.

É difícil entender humildade quando estamos cheios de nós mesmos, e por isso a necessidade de orar a Deus pedindo um coração quebrantado. Deixar as nossas razões tão convictas para ceder à razão da nossa existência que é adorar ao Pai.

Para isso basta render-se. Negar o eu para dar lugar à glória do Senhor.

Oração:

Oh, Senhor, onde posso chegar com um coração egoísta e altivo? Fico solitário e nada pode satisfazer-me. Dá-me um novo coração. Um coração disciplinável por ti e a humildade com que Cristo venceu e nos ensinou. Amém.

9

Capítulo

Pediu um Coração Obediente

Inclinando a si o nosso coração, para andar em todos os teus caminhos, e para guardar os seus mandamentos, e os seus estatutos, e os seus juízos, que ordenou a nossos pais.

— 1 Reis 8.58

Por que sabiamente Salomão pedia isso ao Senhor? Porque sabia que se o coração não estivesse em Deus, o povo esqueceria sua lei.

Deparei-me algumas vezes com esquecimento em cumprir alguma tarefa delegada a mim ou até mesmo proposta por mim mesma mediante uma necessidade. Quando isso acontecia, eu sabia que o meu coração não estava naquilo. Então pedia em oração: "Ó, Senhor! Coloque esta tarefa em meu coração. Dá-me desejo de realizá-la!" Sempre fui atendida!

Precisamos nos dedicar com a razão, mas também com o coração, pois torna-se mais importante para nós. Por isso a necessidade de inclinar o nosso coração. Assim cumpriremos os seus estatutos em Jesus com amor. Não como uma imposição, mas como uma adoração. "Eis que o obedecer é melhor do que o sacrificar" (1 Sm 15.22).

Inclinar o nosso coração a Deus é nos desprender de nós mesmos e ter o mesmo pensamento do Pai. É levá-lo cativo ao Senhor. Paulo nos diz em Filipenses 4.8 para apenas pensar no que é verdadeiro, honesto justo, puro, amável e em tudo o que é de boa fama. Este é o caráter do Senhor. Quanto mais pensarmos com Ele, mais seremos parecidos com o Pai. Isso nos traz uma unidade, tornando-nos um.

E então o coração obediente vai transparecer porque a sua boca falará das coisas que o Pai fala. Não viveremos nós, mas Cristo viverá em nós. Passamos a ter a mente de Cristo. Josué trata da mesma forma como Salomão a respeito de inclinar o coração a Deus. Ele fala ao povo para deitar fora os deuses estranhos.

Pode-se identificar bem os deuses estranhos alheios, mas dificilmente identifica-se aqueles que nos cercam. Pensamos ser deuses estranhos somente aqueles que são feitos por mãos de homens, mas tudo aquilo que se coloca como prioridade esquecendo a adoração ao verdadeiro Deus, pode ser considerado como Deus. A intensidade com que se busca os bens materiais atualmente toma todo o tempo, e quando chega a noitinha há um cansaço demasiado para que o homem tenha disposição de falar com Deus. A manhã chega e é preciso sair correndo, não há tempo para ler e refletir na Palavra do Senhor.

Há uma dedicação desenfreada àquilo que é efêmero. Nunca é suficiente, porque a sociedade cobra mais, e fazemos o jogo do capitalismo. "Porque onde estiver o vosso tesouro aí estará também o vosso coração" (Mt 6.21). Quanto perdemos! Deus quer nos falar, e não temos tempo para ouvi-lo. Fazemos orações rápidas para justificar a afirmação de que cremos em um Deus que quer ser o primeiro em nosso coração. Prostremo-nos diante dEle e deixemos nos envolver com a sua presença santa. Deus quer se revelar a nós. E Salomão pede que Deus incline o nosso coração.

Em Jeremias 31.33 Deus fala: "Porei a minha lei no seu interior, e a escreverei no seu coração; e eu serei o seu Deus e eles serão o meu povo". Nesse momento Deus promete trazer do cativeiro o seu povo. No seu livre-arbítrio, Deus colocará sua Lei no coração que ardentemente desejar.

Paulo dizia: "Porque não faço o bem que quero, mas o mal que não quero, esse faço" (Rm 7.19). Então, se não temos força em nosso corpo mortal de inclinar o nosso coração a Deus nos submetendo, mas desejamos fazê-lo por amor, o Senhor derrama sobre nós a sua lei. Ela ficará gravada no nosso interior para que a leitura da Palavra fique memorizada em nossa mente e coração, a fim de que seja aplicada nos diversos momentos da nossa vida. Basta pedir como Salomão: "Incline a si o nosso coração!"

O coração inclinado ao Senhor é um coração apaixonado que fará tudo para agradar a Deus. É reverente, respeitoso e zela para que todas as promessas descritas sejam cumpridas abrindo os olhos daqueles que ainda não se colocaram submissamente aos pés do Senhor. É totalmente desprendido do próprio eu e das circunstâncias. O coração inclinado ao Senhor, confia, se entrega e não permite que sofrimentos do passado intervenham nessa relação de confiança. Retira máscaras e deixa-se ver, porque esse coração quer ser completamente verdadeiro com o Senhor e não há como ser feliz mesmo que seja em relacionamentos humanos sendo quem não é. O coração inclinado ao Senhor passa horas em sua companhia. Chora e alegra-se achando renovo e pastos verdejantes.

Com amor eterno te amei, também com amorável benignidade te atraí.
(Jr 31.3)

Sim, o Senhor nos atrai com seu amor e benignidade. O mundo não pode nos oferecer tais coisas porque não as possui. Enganosamente ilude a um mesmo coração enganador. "Mas cada um é tentado, quando atraído e engodado pela sua própria concupiscência" (Tg 1.13).

Deus nos atrai pela sua retidão, simplicidade e fidelidade. Se é isso que desejamos, isso recebemos. Do contrário, não receberemos tais coisas plantando comportamento ou aspirações diferentes das que queremos colher. Nossos amigos revelam quem nós somos. "Como andarão dois juntos, se não estiverem de acordo?" (Am 3.3). Assim é nossa vida de comunhão com o Senhor. A cada dia teremos o coração mais inclinado e obediente ao Senhor nos parecendo com Ele. Vale a pena andar com Jesus. Ser parte de sua família não requer nenhum outro esforço senão fazer a sua vontade. E a sua vontade é perfeita para nossas vidas.

Há alguém tentando vendar os olhos para ocultar todos os benefícios de fazer a vontade do Pai, mas saibamos que há um único bom pastor: Jesus! Todos os demais caminhos são falsos, e se há insistência nisso, em algum momento haverá sofrimento.

O homem que não tem prazer no Senhor troca a palavra obediência por sacrifício. Pensa que levar uma vida de retidão e organizada é como viver num mundinho fechado. Entende que o que deve prevalecer são as coisas da carne e as materiais, mas ao contrário do que se pensa, aqueles que buscam obediência ao Senhor são os que realmente conseguem grandes conquistas. Têm a visão do Pai e contemplam tudo a sua volta de forma diferente. Veem a amplitude, o todo, enquanto o carnal vê as partes e quando as vê.

Se há desejo de obedecer ao Senhor, inicialmente poderá até ser sacrifício, porque a carne luta contra o espírito procurando a sua satisfação, mas a obediência requer empenho e então já não haverá sacrifício, mas prazer em agradar ao Senhor e ser abençoado por essa prática. Os que assim se empenham são facilmente reconhecidos.

Um dia fui confrontada por uma pessoa por quem eu orava pedindo sua salvação. Ela me disse que em lugar algum encontrava pessoas dignas de sua amizade por já haver se decepcionado de modo sem igual. Nem mesmo acreditava que entre o povo de Deus haveria tal pessoa. A verdade é que Deus olhou do alto e não viu um justo sequer, mas essa pessoa ainda não quisera um compromisso maior com a igreja além de passeios dominicais, e nunca se envolvera em profundidade a ponto de amar as pessoas sem esperar nada em troca. Vivia no mundo e queria encontrar pessoas com tais qualidades na sua roda de escarnecedores. O seu espírito clamava por um lugar tranquilo, e a sua carne se prendia a lugares de perdição. Como conciliar? Não podemos colher bons frutos de árvores más.

Eu mesma não representava para ela uma amizade, porque quando tudo estava ruim, em Jesus, eu podia acolhê-la, mas acompanhá-la em seus desvarios não me competia. Não poderia representar para ela a amizade que ela queria, porque não havia concordância. Diante de tal situação, ensinei-lhe a identificar pessoas que não lhe trariam problemas, seja na igreja, seja em qualquer outro lugar.

Se é alguém que prima por princípios e valores, certamente será bom amigo. Se não fala mal de ninguém, também não falará de você. Se abomina a mentira, dirá sempre a verdade e não trairá a sua confiança. Esse quer ser lapidado, buscando dia após dia transformação.

É possível que o encontre no mundo evangelizando, mas em concentração encontrará na Igreja do Senhor Jesus porque é o lugar em que aceita ser confrontado, mudado sempre para o melhor. É o processo pelo qual todos os verdadeiros cristãos passam e para tanto é imperativo obedecer. A obediência é uma das primeiras portas pela qual devemos passar se almejamos uma vida de vitória, poder e comunhão com nosso Deus.

Um dia eu precisei renunciar algo que para mim era muito importante. Por mais profundo e doloroso que era aos meus olhos desprender-me, eu preferi escolher o caminho correto do Senhor. O tamanho da minha renúncia tem sido em tamanho dobrado de reconhecimento de Deus. A cada dia vejo quanto me honra por ter escolhido a Ele; ao Senhor Deus. A renúncia em obediência ao Senhor traz alegria imensurável de receber a sua confiança para sua obra.

O Senhor olha do alto, vê seus filhos e derrama a unção porque confia naquele que abandona os seus interesses terrenos para viver primeiramente os interesses do Reino eterno.

Daniel não se importou com sua própria vida quando num edito foi proibido fazer petição a qualquer Deus ou a qualquer homem senão ao rei. Sobre Daniel havia um espírito excelente, e por isso se distinguia dos demais. Como não havia nenhum motivo para culpá-lo, príncipes, presidentes e outros preocupados com o poder pressionaram o rei para assinar a escritura. Sabedores da fidelidade de Daniel para com Deus e que continuaria o adorando, apostaram na sua morte na cova dos leões.

O povo de Deus, separado e santificado, tem sido sondado por Satanás que anda por rodear a Terra. Quando tem oportunidade, atua e se expressa na enfermidade, falta de meios de sobrevivência, na crise conjugal ou familiar, mas o seu verdadeiro objetivo não é esse. Ele aposta, como aqueles que fizeram com Daniel, que o homem irá desfalecer, irá negar a sua fé. O que o Inimigo de nossas almas almeja é nos afastar de Deus. É fazer crer que já não há solução para então se deixar levar pelas circunstâncias.

Aqueles homens queriam o mesmo espírito excelente que estava sobre Daniel. Invejavam-no e não queriam nenhum tipo de matéria que cercava Daniel ou seu corpo, mas o que lhe era intrínseco, dado por Deus. Ignoravam que tudo o que Daniel era ou representava, era fruto de uma comunhão e obediência ao Pai. O homem de Deus não se abateu pelo medo, foi obediente em amar um único Deus. Continuou a orar três vezes ao dia e o Senhor o livrou. Fechou a boca dos leões famintos porque nele foi achada inocência. Glória a Deus!

Resistir é o que temos de fazer. Resistir a propostas fáceis. Atentar quando fomentado à prática de atitudes sugeridas ao pé do ouvido. O Diabo oferece facilidades, um tapete aparentemente agradável para gargalhar com a queda do homem que aceita, pois certamente irá puxá-lo. O crente deve ter sempre uma postura aquietada e calma pedindo orientação do Senhor e obedecendo, mesmo que seja nas pequenas coisas diárias.

Fique atento, pois o campo pode estar minado. Por vezes veste-se como anjo de luz. Engana uma igreja inteira com versículos bíblicos e embute frases sutis que manipula a todos. Ultimamente, essa artimanha não tem exigido muito preparo. De modo grosseiro pessoas têm sido enganadas. Não solte a Palavra de Deus! Ela é o seu manual. Estude-a diariamente a ponto de, se for afastado dela, chorar desesperadamente, porque é através dessa Palavra que você planeja toda sua vida que é construída a cada dia. Ame a Palavra! Obedeça à Palavra! Se alguns esquecem suas Bíblias nos bancos é porque não têm dado a devida importância, não meditam nela diariamente.

A Palavra de Deus deve ser trazida bem perto do coração, tendo por ela zelo. Guardando também na mente, pois esta é a arma dos cristãos. Não se desarme espiritualmente a ponto de ser levado a qualquer vento de doutrina.

> Escondi a tua palavra no meu coração para eu não pecar contra ti. (Sl 119.11)

Sempre peço ao Senhor memória da leitura bíblica. Se alguém prega o evangelho com versículos bíblicos, sentimo-nos muito mais tocados, "porque a palavra de Deus é viva, e eficaz, e mais penetrante do que qualquer espada de dois gumes, e penetra até à divisão da alma, e do espírito, e das juntas e medulas, e é apta para discernir os pensamentos e intenções do coração" (Hb 4.12). Quando essa Palavra viva e eficaz penetra no interior do homem, vidas são transformadas.

No testemunho de um homem que fora homicida, ele conta que quando ouviu a Palavra sendo lida na prisão, o primeiro impacto foi de matar o mensageiro, mas foi impedido, ficando imobilizado. Quando teve consciência do poder de Deus, caiu na sua presença. Derramou-se e teve seus pecados perdoados, vindo a ser um pastor.

> Este é o concerto que farei com eles depois daqueles dias, diz o Senhor: Porei as minhas leis em seu coração e as escreverei em seus entendimentos, acrescenta. (Hb 10.16)

Todos os dias, pessoas são confrontadas pela Palavra a viver uma nova vida. Algumas concordam em partes, acham bacana, apoiam quem crê, até mesmo convivem com pessoas tementes ao Senhor, mas mantêm-se irredutíveis nos seus próprios conceitos. Sofrem e pagam a duras penas o preço da desobediência.

Que orgulho é esse que faz do homem um ser implacável, sem paz, sem certeza de sua salvação? É a necessidade de ser autossuficiente e independente. É o desejo de brilhar sozinho, de dizer que as conquistas são do seu próprio esforço. Que pena não conhecer as Escrituras porque os filhos de Deus recebem enquanto dormem! Para alguns é difícil entender; é tão difícil que tentam desmerecer os filhos de Deus, quando não há necessidade, pois a bênção está disponível a todos.

É a obediência que faz de nós vencedores. Por que este, que fora homicida, caiu de amor por Jesus enquanto outras pessoas, tidas como normais, não se rendem aos pés do Senhor? Podemos dizer que não se reconhecem pecadores ou necessitados da graça.

> Porque todos pecaram e destituídos estão da glória de Deus. (Rm 3.23)

O passo de humildade, de reconhecimento e de dependência deve ser dado por cada um de nós. "O galardão da humildade e o temor do Senhor são riquezas, e honra e vida" (Pv 22.4).

Numa viagem, saímos da estrada principal, a BR, para adentrarmos umas fazendas que davam acesso a um litoral ainda bastante primitivo. Para minha surpresa, o Senhor levou-me a extrair lições diante das plantações de eucalipto que víamos pelo caminho. Não sei por quantas plantações passamos, pois eram muitas, e a cada uma que via a minha fé era ainda mais acrescida e o meu espírito regozijava no Senhor. Paramos junto a um rapaz que ia num burrinho carregado e confirmamos: eucaliptos!

Eucaliptos que na mais breve explicação é uma grande árvore medicinal que fornece madeira e que também tem ótima absorção da água do solo. Quantas vidas saradas através das suas propriedades medicinais, quantos lares aquentados e ornados com sua madeira, e como ela, quantos buscam fundo a água como refrigério para alma.

Se nossas raízes estão em Cristo, extrairemos águas vivas para sermos plenamente saciados e nos manteremos de pé, tão alto quanto podemos tocar os céus como os eucaliptos levando ainda lenitivo onde estivermos plantados, até mesmo a lugares mais distantes que o Espírito de Deus queira nos levar.

Se eu questionasse ao Senhor, talvez nunca veria os eucaliptos da forma que agora vejo. Se eu não concordasse com o Senhor, querendo o meu querer, eu não sentiria a alegria que agora sinto. O eucalipto retrata a amizade, a intimidade e o vínculo que criei com o Pai através da obediência interior, que neste contexto não foi um ato, mas uma aceitação verdadeira.

Quem procura felicidade em dinheiro, coisas materiais ou em pessoas, ainda não experimentou o que é viver na obediência do Senhor. Dessa atitude desfrutamos de bênçãos que escritores não podem narrar. O que aprendi é que somos muito felizes na consciência de viver a vida da forma como Deus quer e nos preparou. Assim como o eucalipto cumpre o seu papel oferecendo remédio e madeira através da água que retira do solo, assim seremos úteis e alegres buscando em Deus as nossas potencialidades, que serão reveladas mais e mais à medida que conhecemos e obedecemos ao Papai.

Um dia, eu disse a minha filha adolescente que ganhamos a liberdade ou independência da mesma forma quando estamos aprendendo a andar de bicicleta. Levei-a a lembrar desses momentos entre nós. Eu segurava a bicicleta e ela sentia-se segura para tentar firmar a direção e dar as pedaladas. Quando percebia seu empenho, soltava um pouquinho, e até que pude soltar totalmente. E ela surpresa, olhar para trás e sentir-se vitoriosa por estar conseguindo andar de bicicleta sozinha.

Enquanto eu segurava a bicicleta, ela aprendia também algumas regras e orientações para não cair e não se machucar. A decisão de ouvir ou não recomendações vinha dela. Há várias maneiras de aprender a andar de bicicleta. Há várias maneiras de crescer e estar preparada para a vida.

A obediência aos pais e ao Senhor é a melhor forma de conquistar nossos objetivos sem sofrimentos.

Oração:

Pai bendito, eu te exalto por tudo que tu és: Perfeito e Santo. Dá-me um coração segundo o teu, para que com minha vida eu venha te honrar.

10

Capítulo

Clamou o Juízo do Senhor

E que estas minhas palavras com que supliquei perante o Senhor estejam perto, diante do Senhor, nosso Deus, de dia e de noite, para que execute o juízo do seu servo e o juízo do seu povo de Israel, a cada qual no seu dia, para que todos os povos da terra saibam que o Senhor é Deus e que não há outro.
— 1 Reis 8.59,60

Salomão, numa atitude ousada, própria de quem tem a certeza de que busca fazer a vontade do Pai, invoca o juízo majestoso do Senhor. Ele tinha consciência dos seus atos. Sabia que quando se submetia aos princípios divinos era correspondido com a proteção de Deus. O mesmo fez seu pai, Davi, quando salmodiou: "Sonda-me, ó Deus, e conhece o meu coração; prova-me e conhece os meus pensamentos. E vê se há em mim algum caminho mau e guia-me pelo caminho eterno" (Sl 139.23,24). O Senhor perscruta o interior do homem. Conhece-o desde a concepção e tudo sabe.

É uma atividade diária e constante na vida do crente, pois do coração procedem todas as saídas de vida. Escolhas que devemos fazer frente a uma vida optativa. Para escolhermos sempre o melhor, é necessário que todos os dias nos purifiquemos das impurezas. Deus é aquEle que nos convence do nosso pecado, transforma e purifica.

Quando não permitimos a presença do Senhor e nos conformamos com as atitudes que aparentemente não apresentam perigo, perdemos a oportunidade de crescer na vida espiritual, de ser felizes, e passamos a nos esconder, assim como fizeram Adão e Eva. Sentimos vergonha e nos distanciamos cada vez mais do Senhor, ao passo que se formos humildes e nos submetermos sempre ao Senhor, não sentiremos medo do juízo divino porque em toda trajetória de nossa vida, Ele tem sido o nosso Advogado. Uma relação de amizade também com o Senhor.

Muitas pessoas não admitem apresentar falhas. Nunca reconhecem que erram. Premeditam comportamento adequado para que de forma alguma tenham que pedir perdão. Olhando a casca, são até interessantes. São polidas e brilhantes, mas interiormente o orgulho impera. Pedir perdão seria então um sinal de fraqueza, e pensam que não podem passar essa imagem.

Àqueles que agem assim, uma sugestão: dobre-se verdadeiramente diante do Pai, e então Ele lhe dará um coração tão puro que realmente não precisará pedir perdão, porque primeiramente se perdoará, e não haverá atitude que desencadeará a necessidade de pedir perdão. Aviso, isso leva tempo, talvez uma vida, mas é possível.

Esse coração acessível à correção do Senhor pode chamar pelo seu juízo, porque mesmo diante das imperfeições, erros e quedas do homem, tudo está posto diante do Pai. Se imaginarmos estes momentos, seria como sentar à mesa com o Pai de família e falar-lhe do que tem acontecido, assim como nos abrimos a um amigo, a um irmão.

Lembro-me de que o meu pai periodicamente sentava à mesa com um de seus dezesseis filhos. Geralmente à noitinha, após seu trabalho, antes do jantar. Quando me chamava, meu coração apertava, sabia que algo não estava correto no meu procedimento, mas alegrava-me porque sabia que ele me ouviria com toda paciência, e o que ele mais queria saber era simplesmente a verdade. Eu fui a décima quarta e caçula da nossa mãe que falecera, detinha toda informação e não adiantava arrumar jeitinho para omitir a verdade, nem mesmo desculpa para justificar. Ele nunca insultava, não coagia, mas conduzia a conversa à verdade. Eu sabia que aquele momento era uma oportunidade de crescimento e que apesar de todo temor que tinha de sua autoridade sobre mim, pelo seu caráter, eu não seria punida, mas advertida a não errar novamente, pois as consequências seriam desastrosas.

Depois disso ele pedia que servisse o jantar e nós dois comíamos juntos. Hoje vejo que, ao comermos juntos, era como se ele dissesse: "Eu te aceito e te compreendo". Como o Senhor encheu-o de sabedoria para educar-nos!

Assim é o nosso Pai Eterno. Chama-nos à conversa. Jesus nos convida a comer com Ele. Alguns fogem por medo de correção ou por medo de encontrar-se consigo mesmo.

> Portanto, como diz o Espírito Santo, se ouvirdes hoje a sua voz, não endureçais o vosso coração, como na provocação, no dia da tentação no deserto.
> (Hb 3.7,8)

Se o meu pai sendo humano soube dar coisas boas, imagine o Pai celestial. Contemple o Senhor o ouvindo, não o desprezando e nem mesmo punindo. Ele só quer ajudá-lo! Achegue-se ao Pai! Veja-o como o melhor de todos os pais. Assim não haverá um choque ou uma surpresa no juízo que haverá de vir.

> E vi os mortos, grandes e pequenos, que estavam diante do trono, e abriram-se os livros. E abriu-se outro livro, que é o da vida. E os mortos foram julgados pelas coisas que estavam escritas nos livros, segundo as suas obras.
> (Ap 20.13)

Todas as nossas ações e pensamentos serão manifestados. Se durante nossa trajetória aqui na terra instituirmos uma dependência ao Senhor Jesus Cristo, seremos dia após dia tratados e justificados. Esse procedimento é um querer individual que parte do coração. É negar a si mesmo e viver o que Cristo quer que se viva. Quando fazemos assim, temos não só a certeza da salvação como uma vida mais saudável e feliz. Saber ser dependente do Senhor tira de nós o peso da responsabilidade. É ter a certeza de que o que fazemos é sempre o melhor e que Deus está no negócio operando perfeitamente. Aleluia!

Não há como fugir. Se fugirmos perdemos uma vida vitoriosa, e no momento de julgamento sentiremos a grande dor de não termos buscado a Jesus como Advogado.

Davi ainda avocou o juízo do Senhor dizendo: "Julga-me, Senhor, pois tenho andado em minha sinceridade; tenho confiado também no Senhor; não vacilarei. Examina-me, Senhor, e prova-me; esquadrinha a minha mente e o meu coração (Sl 26.1,2). Sabe de onde parte esse desejo de ser examinado? Da vontade de santificar-se separando-se para o Senhor. O homem que busca viver uma vida de retidão não se contenta em apenas não cometer pecados visíveis, mas preocupa-se com os mínimos detalhes que podem impedir uma aproximação mais profunda com o Senhor.

A vontade de conhecer mais e mais a Deus faz o homem prostrar-se e chamar o juízo de Deus sobre si. Se houver algo que impeça e que passa despercebido, logo o Senhor revela e já não se sente prazer. Primeiro nos esforçamos para não mais repetir o erro, e sobre nós vem a graça do Senhor para que o erro seja definitivamente abolido da nossa vida. Assim seguiremos como obra inacabada, mas a cada dia mais interessados em nos completar em Deus até o dia do seu Juízo Final.

Se eu atender à iniquidade no meu coração, o Senhor não me ouvirá.
(Sl 66.18)

Deixemos o pecado e vivamos uma nova vida em Cristo. Chamemos o juízo do Senhor sobre nós para que tenhamos a chance de nos redimir e ter as nossas orações respondidas. Todos nós, grandes e pequenos, estaremos diante do Pai, e o Senhor alerta: "Prepara-te, ó Israel, para te encontrares com o teu Deus" (Am 4.12). Não podemos passar a vida descompromissadamente com o Senhor ou com os irmãos. A vida terrena é uma preparação para eternidade. O que fazemos hoje é fator determinante para a nova vida que virá. Nossos objetivos em todos os aspectos da vida devem convergir para a posteridade a fim de que realmente valha a nossa passagem por aqui.

Certo dia caminhava por uma trilha que as placas indicavam levar a um mirante. Já ouvira falar deste lugar deslumbrante da natureza. De um ponto alto poderia contemplar um lugar ainda mais alto. Uma imensa pedra de cor azulada envolta por um clima frio e uma paisagem de vales que nos faz entender a grandiosidade do nosso Deus aqui no nosso Estado. Sei que em cada lugar o Senhor deixou a sua marca exclusiva e criativa de suas mãos.

Eu caminhava entre as muitas folhas secas, e já num ponto de exaustão olhei adiante e vi que a trilha se fechava. Pensei então que se não estivesse tão determinada a alcançar o meu objetivo teria desistido, então resisti e, quando cheguei ao ponto de estreitamento que vira, conclui que era apenas uma curva e a partir daí pude contemplar com mais clareza o caminho a percorrer. Ainda assim não se mostrava fácil. O terreno extremamente montanhoso, bastante íngreme e, por analogia, senti que muitos, em seus chamados, têm desistido frente aos obstáculos. Compreendi que fomos chamados para uma única missão em qualquer que seja o caminho: fazer conhecido o amor de Deus e o seu sacrifício na cruz do Calvário para nossa salvação. Se pensarmos assim, unimos a nossa trajetória passageira com propósitos eternos. Aleluia!

Ao chegar ao topo, o corpo quente sentia um vento frio, e uma neblina que cobria toda a pedra nos impedia de vê-la nitidamente. Oramos ao Senhor: "Ainda que a figueira não floresça..."

Agradecemos sinceramente ao Senhor por termos chegado, embora não tivéssemos a vista desejada, e recebemos força renovada numa medida recalcada, sacudida e transbordante para retornarmos no dia seguinte, quando contemplamos parte da pedra e ainda não toda, numa lição de que somos lapidados dia após dia para ver a glória do Pai. Aleluia!

É motivo de alegria saber que nos encontraremos com o nosso Pai. É como uma noiva que se prepara para casar. Cuida de todas as coisas, desde a decoração da igreja, dos convidados, do vestido, da festa, até o seu próprio corpo e coração. Como esse dia é esperado! Quanta alegria viver na glória do Senhor!

A vida pode e deve ser feita de preparativos que antecedem a um evento que alegrará o nosso coração, e então começamos a nos regozijar mesmo bem antes da festa. Nenhum dos detalhes a serem cuidados são penosos, mas prazerosos. Pensamos na família, nos amigos e parentes que teremos conosco e queremos que tudo esteja perfeito.

Pense nas suas atitudes e modo de vida atual, e observe em quais preparativos tem se envolvido com mais intensidade. Onde pretende colher frutos?

Como todo ser humano zeloso que tem propriedades, negócio, casa ou família fica atento, disciplinado, colocando em ordem, limpando, arrumando, direcionando e orientando, assim é o Senhor.

> O Senhor dos exércitos passa em revista o exército de guerra. (Is 13.4)

Esse proceder do Senhor em nossa vida deve ser motivo de alegria para nós, pois assim nos aprumamos. Conservamo-nos de pé e temos nossas cabeças erguidas justificados por Jesus. O Senhor vem e nos passará em revista, e será bom se nos preocuparmos com a maneira como Ele nos encontrará. Isso demonstra que nos importamos com a presença do Senhor. Como filhos, precisamos estar firmes.

Em Jeremias 8.7 o Senhor fala: "Até a cegonha no céu conhece os seus tempos determinados; e a rola, e o grou, e a andorinha observam o tempo da sua arribação; mas o meu povo não conhece o juízo do Senhor". E continua dizendo que não há sabedoria quando abandonamos sua Palavra.

Juízo significa o ato de julgar, mas antes de tudo, para Deus juízo é misericórdia, como vimos em Tiago 2.13. Não devemos temer, mas chamar o juízo do Senhor para nossas vidas nos consertando, e pelejando por nós nas causas que só Ele resolve. Chamar pelo juízo do Senhor é um exercício diário que nos conscientizará de quem somos, e então aceitamos a oferta de Cristo para perdoar os nossos pecados.

Algumas vezes o homem age como se não existisse justiça divina. O modo como tratamos nossos irmãos, por exemplo, denota o quanto de temor possuímos no Senhor.

Conheci um homem bastante ativo dentro da igreja, sempre sorrindo e passando uma imagem de indispensável. Para sustentar essa imagem, fazia articulações, mentia para manter-se infiltrado em todos os cargos da igreja e permanecer "importante". Não sei o que o levava a fazer isso. Vivia num lugar onde esperamos que todos busquem a transformação após a conversão.

Há casos em que, para sobressair-se, o homem busca um caminho que faz apagar o outro. Uns tiram a vida de outras pessoas literalmente, enquanto outros tentam tirar com armadilhas para oprimir o chamado que cada um tem.

Quando envoltos por esse clima, quando Satanás tentar tolher os nossos talentos, apagar a luz de Deus que há em nós, não devemos fazer o seu jogo ou usar as mesmas armas para vencer, porque dessa forma todo o corpo vem a padecer. Também não podemos nos conformar nos calando, mas indo na direção certa do Senhor, o nosso Jesus Justo.

Quando Davi foi ungido rei de Israel, os filisteus subiram em busca de Davi e ele, ouvindo isso, desceu à fortaleza e consultou ao Senhor: "Subirei contra os filisteus? Entregar-mos-ás nas minhas mãos?" (v. 19). O caso aqui não era uma resposta positiva ou negativa do Senhor, mas a dependência e a confiança de qualquer forma que o Senhor respondesse sua justiça seria melhor.

Quantas vezes nos apressamos com atitudes que nos prejudicarão. Resolvemos fazer da forma como entendemos melhor e não nos dirigimos ao Senhor. Quem sabe uma causa na justiça em que as evidências o faz vencedor, mas que trará um desgaste emocional tão grande a ponto de a vitória não valer a pena. Somente a vida interligada ao Deus soberano nos faz prosperar. E disse o Senhor a Davi: Sobe, porque certamente entregarei os filisteus nas tuas mãos. Então, veio Davi a Baal-Perazim, e feriu-os ali Davi, e disse: Rompeu o Senhor a meus inimigos diante de mim, como quem rompe águas" (2 Sm 5.19,20). Aleluia! A justiça de Deus jorrando sobre a cabeça de Davi. A justiça de Deus molhando nosso deserto trazendo a paz. Glórias ao Senhor!

As nossas atitudes de submissão e esperança no nosso Deus trarão uma nova vida como uma planta que nasce do solo com todo vigor, enraizada para dar frutos e durar muito tempo.

Quando Davi perguntou ao Senhor o que deveria fazer, ele se eximiu de toda responsabilidade. Ele chamou o juízo do Senhor e Ele o fez. A história de Davi é uma história de guerras e lutas, assim como muitas de nossas vidas; mas o Senhor sempre esteve ao seu lado porque o seu coração era convertido a Ele, e procurava agradá-lo com sua obediência.

Oração:

Senhor, venha sobre mim o teu poder. Dou-te liberdade para permear por meu coração e minha mente. Dá-me um coração quebrando e temente para que eu me apresente aprovado diante de Ti.

11
Capítulo
Alegrou-se no Senhor

No mesmo tempo, celebrou Salomão a festa, e todo o Israel, com ele, uma grande congregação, desde a entrada de Hamate até ao rio do Egito, perante a face do Senhor, nosso Deus, por sete dias e mais sete dias, catorze dias. E, no oitavo dia, despediu o povo, e eles abençoaram o rei; então, se foram às suas tendas, alegres e contentes de coração, por causa de todo o bem que o Senhor fizera a Davi, seu servo, e a Israel, seu povo.

— I Reis 8.65,66

E depois de levar todas suas preocupações ao Senhor, Salomão festejou. Carregamos fardos que nos preocupam, nos causam insônia, roubam nossa alegria e tiram nossa paz. Jesus disse: "Vinde a mim, todos os que estais cansados e oprimidos, e eu vos aliviarei. Tomai sobre vós o meu jugo, e aprendei de mim, que sou manso e humilde de coração, e encontrareis descanso para a vossa alma. Porque o meu jugo é suave, e o meu fardo é leve". A natureza autônoma do homem o faz buscar soluções em si mesmo, mas Jesus diz: vinde a mim!

Ir a Jesus, assim como Salomão foi ao Pai, nos faz alegres porque retiramos o fardo pesado dos nossos ombros e podemos encontrar descanso para as nossas almas. Precisamos conhecer Jesus para realmente depositar nossa fé de que todas as coisas lhe são possíveis.

No livro de Isaías, vemos a profecia de que o Messias viria e a promessa de que todos se alegrariam perante o Senhor o seu nome: "Maravilhoso

Conselheiro, Deus forte, Pai da Eternidade, Príncipe da Paz" (Is 9.6). Aleluia! E deste principado e da paz não haverá fim.

Uma das maiores razões para vivermos alegres é que de Jesus provém salvação da alma. Nossa vida deve ser pautada nessa esperança e que de forma alguma há condenação sobre nós. Ele já não se lembra de nossos pecados, de nossas iniquidades. Quem poderia fazer isso por nós se não fosse o Cordeiro imolado na cruz do Calvário?

O plano do Senhor para nos justificar foi perfeito. Não há condenação para os que estão em Cristo Jesus.

Em conflitos familiares é frequente a liberdade para condenação. Um exige perfeição do outro e justificam-se jogando no ar erros do passado. Acusam-se, e quando um domina nas acusações, subjuga o outro a ponto de ser aniquilado e não obter sucesso em nada do que faz. E quanto maiores forem as acusações, maiores serão os fracassos. Aquele que acusa acha que desta forma mantém o controle e permanece no seu posto de mais perfeito. Os filhos tornam-se tristes e problemáticos, buscando refúgio em companhias que os levarão ao precipício. O homem ou a mulher sente-se infeliz e passa a buscar felicidade de forma errada e que possivelmente desencadeará separação, frustrações ou debilidades. Mas para isso Jesus morreu na cruz, perdoando e esquecendo nossos pecados. Se pelo menos um familiar tiver a convicção disso, deve lutar em Jesus pela sua família.

Por mais escuro que possa parecer, saiba que sua luta não será em vão, Deus está do nosso lado e fará o que achamos impossível. O que o Senhor requer de nós é confiança. Se houver um real desprendimento, obediência e fé, o Senhor não demorará para agir. Ele trará alegria sobre sua casa. Amor renovado, novos planos, mais carinho, filhos prósperos. O Senhor está no controle. Do seu trono correm rios de água viva sobre o nosso lar. Glória a Deus!

> Quando o Senhor trouxe do cativeiro os que voltaram a Sião, estávamos como os que sonham. Então, a nossa boca se encheu de riso, e a nossa língua, de cânticos; então, se dizia entre as nações: Grandes coisas fez o Senhor a estes. Grandes coisas fez o Senhor por nós, e, por isso, estamos alegres.
> (Sl 126.1-3)

O Senhor tem prazer em abençoar e ver os seus filhos alegres. O que pode impedir isso é o nosso próprio coração. Há pessoas que querem receber de Deus todas as bênçãos sem doar-se em nada. Visitam igrejas; procuram por pessoas que são usadas por Deus, até mesmo leem a Bíblia, mas não querem converter-se do seu mau caminho. Como pode o Senhor dar-lhes o que tanto querem quando na verdade o seu nome não será glorificado ou mesmo não é esta a sua vontade para aquela vida?

Muitas vezes o homem indigna-se contra Deus querendo que faça a sua própria vontade. Tomemos lição com Jesus que, à beira da morte, pediu que seu Pai passasse dEle aquele cálice, mas que fosse feita a vontade do Senhor sobre a sua vida. E o que parecia o fim, foi a vitória completa sobre o pecado e sobre a morte.

Deixemos de ser infantis lutando contra o querer de Deus para nossa vida, protelando a nossa alegria. Quando nos submetemos ao Senhor e buscamos comunhão com Ele, o nosso cálice transbordará. A nossa alegria não será momentânea, mas firme numa rocha inabalável. Hoje teremos alegria, mais tarde seremos felizes e amanhã ainda teremos mais, porque o nosso cálice transborda. Não seca nunca, mas transborda e a cada dia receberemos porções maiores. Aleluia! Pessoas ao nosso redor serão abençoadas com nossa força que provém do Senhor.

A alegria do Senhor é a vossa força. (Ne 8.10)

Nosso Deus é alegre, tem bom humor, celebra e festeja. A vida é importante para o Senhor, por isso Ele a deu a cada um de nós. Celebre as grandes conquistas, mas celebre também as diárias. Junte-se aos irmãos, fazendo um culto ao Senhor de gratidão. Congratule-se em seu quarto a sós com o Senhor e também junto ao seu cônjuge. Chame os filhos e alegre-se na presença do Senhor. Cante, louve, dance, celebre ao Senhor, a vida que Ele tem nos dado. Esse comportamento trará sobre nós ainda mais alegria.

Costumo contemplar o Senhor Jesus sorrindo para mim. Ficamos como numa reunião de amigos. Eu lhe falo da minha vida, dos meus planos, da minha família. Ele me ouve, me consola, me afaga, me orienta, Também gosto de ouvi-lo contar suas histórias, seu trajeto de vida, seu ministério, e um fogo se acende. O Espírito Santo me traz entendimento, meus olhos brilham e uma alegria invade minha vida para ser renovada no meu próximo encontro com Jesus. Quanto mais o acompanhamos, mas parecidos ficamos com Ele.

Não quero, de forma alguma, entristecer o coração do meu Pai, do meu Amigo. Os prazeres da carne não se comparam à real felicidade que tenho ao lado de Jesus. Grande alegria é ter os pecados perdoados!

> As misericórdias do Senhor são a causa de não sermos consumidos; porque as suas misericórdias não têm fim. (Lm 3.22)

No ímpeto de resolver seus problemas e folgar, o homem cai em armadilhas que quase sempre são muito coloridas. Elas vêm num aspecto brilhante, atraente e de forma muito fácil. Não requer nenhum esforço, basta negar a cruz, ou seja, sair da posição de filho obediente aos mandamentos do Senhor. O retorno parece compensar e então acontece o esperado para logo após desmoronar. Não teve raiz, nem qualquer fundamento sólido, mas uma grande mentira de felicidade fácil e passageira que envergonha pela brevidade e pelos meios errados. Há então uma grande tristeza. Primeiro porque se nota que entristeceu o coração do Pai, e, segundo, pela situação degradante em que se encontra. Retorna à igreja inseguro e então o pastor, lá na frente, faz o convite baseado no Livro de Isaías para que o pecador se torne para o nosso Deus porque é grandioso em perdoar. Aleluia! Foi dada mais uma oportunidade de retornar, para limpar-se e sentir-se parte do Corpo de Cristo. As lágrimas descem em abundância lavando todo o interior, e uma alegria toma conta de cada pedaço do corpo, alma e espírito. Grande Deus!

Essa alegria é duradoura e eficaz. E então aprendemos que é preciso esperar no Senhor para recebermos a verdadeira alegria.

> Esperei com paciência no Senhor, e ele se inclinou para mim, e ouviu o meu clamor. Tirou-me de um lago horrível, de um charco de lodo; pôs os meus pés sobre uma rocha, firmou os meus passos; e pôs um novo cântico na minha boca, um hino ao nosso Deus; muitos o verão, e temerão, e confiarão no Senhor. (Sl 40.1-3)

Sim, Deus enche o coração e a nossa boca, entoa novos cânticos de satisfação com o seu perdão direcionado a nós. O que seria de nós se não fosse a misericórdia e fidelidade do Senhor? Quantas vezes escolhemos errado. Tudo parece ter fim e nos abatemos e as pessoas que não conhecem o caráter de Deus acabam crendo que já não há solução, mas aquelas que se voltam para a Palavra aprendem que Deus vem com sua força, com seu exército de anjos para resgatar do charco de lodo colocando os pés daquele que o chama e confia em uma rocha firmando os seus pés. Aleluia! Nosso Deus é maravilhoso!

Creia que existe um Deus tremendamente bom, honesto, fiel e poderoso para com os seus e deixe o seu coração regozijar-se.

Lendo Ezequiel 37, a visão de um vale de ossos secos, tive uma explosão de alegria porque, do nada, o Senhor transforma em tudo. O Senhor levou Ezequiel por meio do espírito a um vale de ossos secos e deu ordem para profetizar que viveriam; e assim o fez. Então os ossos se juntaram, vieram os nervos e pele. E pelo sopro veio sobre os mortos o espírito e se puseram em pé, um grande exército.

Ao viver um grande problema, aquilo que parece não ter solução, creia que Deus pode reconstruir: a saúde debilitada, um lar destruído, vida financeira em caos. Assim pensava a casa de Israel: "Os nossos ossos se secaram, e pereceu a nossa esperança" (Ez 37.11). Não amados, Deus manda profetizar: "Eis que eu abrirei as vossas sepulturas, e vos farei sair das vossas sepulturas, ó povo meu, e vos trarei à terra de Israel... E porei em vós o meu espírito, e vivereis... e sabereis que eu, o Senhor, disse isso e o fiz, diz o Senhor" (vv. 12,14).

O Senhor nos tira das situações difíceis que nos abalam e nos acorrentam. Ele faz ressurgir o verde de nossa vida. Deus coloca em nós o seu espírito para que respiremos e tenhamos fôlego. O Espírito de Deus faz toda a diferença, revigora tudo o que antes parecia ser impossível. É Ele quem diz! O Senhor move a matéria com sua palavra, cria, transforma e renova. Como uma plantinha sem viço e murcha perdendo suas forças de vida que é regada, cuidada e adubada volta a ter vigor, assim o Senhor faz para que tenhamos novamente a vida organizada. Ó, Deus amado, como tu és bom!

Por alguns dias fiz minhas orações rapidamente até sentir o toque do Espírito Santo. Queria sentir a presença santa do Senhor Jesus, mas comecei a notar a sua ausência e pensei: *Hoje Ele não vem!* Como apaixonada, reclamei sua presença e convenci-me de que, para Ele estar comigo, precisava manter-me fiel aos encontros para que não me distanciasse dEle.

Entendi que não poderia amar ao meu Senhor desleixadamente; precisava cultivar o nosso amor. E perguntei: *O que me faz ir para longe de ti? O que me distrai a ponto de não te buscar?*

Obtive algumas respostas e orei: *Dá-me resistência! Eu não quero momentos de santidade. Eu quero ser separada para ti. Igreja tua!* E a ausência do Senhor doeu tremendamente em meu coração. E disse ao Senhor: *Como Tu tens valor para mim, amado meu!*

Se tudo está bem, a nossa tendência é não perceber a presença do Senhor e não valorizar essa alegria. Embora o meu contexto diário nessa ocasião fosse de realização, eu sentia-me momentaneamente distante do meu Senhor e triste. Ele fez-me ver como outras pessoas naquele momento festejavam com Ele e alegravam-se na sua presença e eu não estava participando por querer viver coisas menores do que as que Ele tinha para mim. Pedi perdão ao Senhor e Ele veio em minha direção, senti o seu abraço e o seu aconchego. Como me alegrei!

Seu sorriso tranquilo confortava-me, e então percebi que o que vivia com Jesus era ainda muito pouco. Despertei para um compromisso intenso. A minha alegria é o Senhor! A sua companhia, o seu amor.

Algumas vezes acontece de os cristãos entrarem em depressão. Isso pode ocorrer por vários motivos: o pecado sem arrependimento, o arrependimento com sentimento de culpa, a separação dos entes queridos pela morte, a doença, a falta de recursos para a realização dos projetos, enfim, por muitas frustrações e fatalidades.

Se lemos 2 Pedro, encontramos o seu discurso pautado nas grandíssimas e preciosas promessas do Senhor. Na igreja, ouvimos o mensageiro dizer que o que Deus prometeu, Ele cumprirá. E o irmão fica a se perguntar: Que promessa? O Senhor não me prometeu nada. Não usou nenhum vaso para me dizer nada. E permanece num estado letárgico sem disposição, sem esperança. A depressão vem da falta de esperança. Um sentimento de que tudo acabou e que não há nada a fazer a não se conformar-se. Não somos vocacionados ao conformismo. Quando agimos assim, perdemos a força de vida. Deus mesmo nos manda apresentar nossas razões diante dEle, manda-nos argumentar.

Quando travamos com o Senhor um diálogo, somos transformados e o que era ruim, Ele transforma em bênção. Algumas promessas já foram cumpridas, basta deleitar-nos nelas. Isaías dizia que subiria um renovo da terra: Jesus. "Verdadeiramente, ele tomou sobre si as nossas enfermidades e as nossas dores levou sobre si; e nós o reputamos por aflito, ferido de Deus e oprimido. Mas ele foi ferido pelas nossas transgressões e moído pelas nossas iniquidades; o castigo que nos traz a paz estava sobre ele, e, pelas suas pisaduras, fomos sarados" (Is 53.4,5).

Recebemos salvação sendo justificados por Ele, embora as circunstâncias sejam de luta, saúde física e emocional, e ainda fomos sarados em quaisquer que sejam os aspectos. Você pode dizer: "Isso está muito generalizado; eu queria ouvir do Senhor algo muito específico para minha vida". Posso então dizer-lhe que busque com o Senhor comunhão e aprofunde-se na Palavra. O que lhe falta será achado de forma muito particular na Bíblia.

Quando achar, saberá que encontrou, porque o seu coração regozijará em alegria. Cuide para que se realize: Medite na promessa e alegre-se nela. Em suas orações, lembre ao Senhor do que Ele lhe prometeu. Seja obediente e busque santificação. Logo o seu coração arderá em esperança e a alegria será uma constante, sendo saciado em sua necessidade para então descobrir novas promessas.

Seja um explorador de promessas! A Bíblia traz muitas e muitas para nos apegar ao Senhor e nos alegrar nEle.

Oração:

Ah, Senhor, quantas razões tenho para louvar-te! Em ti encontro as mais preciosas promessas que se cumprirão em minha vida porque és Deus Fiel, cumpridor das tuas palavras.

Espero em ti e o meu coração se alegra. Aleluia!